国家社科基金
GUOJIA SHEKE JIJIN HOUQI ZIZHU XIANGMU
后期资助项目

中国建设用地指标配置的逻辑及其对城市发展成本影响的研究

The Allocation of Urban Land Quota and Its Impact on City Development Costs in China

余吉祥 著

中国财经出版传媒集团

经济科学出版社
Economic Science Press

北京

国家社科基金后期资助项目
出版说明

　　后期资助项目是国家社科基金设立的一类重要项目，旨在鼓励广大社科研究者潜心治学，支持基础研究多出优秀成果。它是经过严格评审，从接近完成的科研成果中遴选立项的。为扩大后期资助项目的影响，更好地推动学术发展，促进成果转化，全国哲学社会科学工作办公室按照"统一设计、统一标识、统一版式、形成系列"的总体要求，组织出版国家社科基金后期资助项目成果。

　　　　　　　　　　　　　　　全国哲学社会科学工作办公室

前　言

世界各国对城市空间的扩张都有所规制。中国采用一套建设用地指标分配制度来控制城市空间的扩张，这是其他国家不曾有的独特制度安排。但城市发展不仅体现为空间的扩张，还体现为人口的集聚，且二者需要协同推进。对中国这样的一个大国来说，城市人口集聚表现出了显著的地区差异。特别是随着中国城市化政策在 2000 年前后的重大转折，大城市和沿海大市场开始成为人口集聚的主要方向。在这一背景下，这些地区需要有更多的发展空间，才可充分利用集聚外部性，促进高质量发展。然而，由于政府和市场是两种完全不同的资源配置手段，政府主导的建设用地指标配置却不一定遵循市场引导的人口集聚的方向。

本书以"中国城市人口增长的特征"为研究的出发点，基于城市经济学和新经济地理学的基本原理，基于改革开放四十年中国城市化政策演进的轨迹，指出大城市和大市场在塑造城市人口增长特征中的重要作用。借助第三、第四、第五、第六、第七次全国人口普查数据，本书实证分析了改革开放以来中国城市人口增长的特征及其演变规律，揭示了大城市和大市场在促进城市人口增长过程中愈发重要的作用。当城市建设用地供给取决于指标配置时，指标便成了促进城市发展的稀缺资源，成了贯彻区域平衡发展战略的政策工具。中国建设用地指标的配置由此偏离了人口集聚的方向。值得进一步指出的是，受财政激励的地方政府还会将有限的建设用地指标更多地配置于工业用途，挤压居住用地供给。使用一套手工采集整理的建设用地指标数据，本书的实证分析结果呈现了一个"逆人口集聚方向叠加偏向工业用途"的建设用地指标配置模式。

中国城市发展中的人地资源错配由此形成。人地资源错配意味着人口集聚地获得了较少的建设用地指标，且有限的指标还偏向了工业用途。这一指标配置模式对住房市场产生了严重的挤压效应，推高了城市居住成本。人地资源错配还意味着人口迁出地获得了较多的建设用地指标。由于土地抵押融资是地方政府获取城市建设资金的重要手段，因此建设用地指标会向地方债务转化。偿债需求进一步引致公共支出结构失衡，导致民生性公共品供给不足，推高了城市生活成本。最后，城市作为一个大的生产单位，通常会享有集聚外部性。但人地资源错配抑制了集聚外部性的发挥，这是城市发展的效率成本。实证研究发现，大城市的空间扩张能够显著提高经济增长效率，这意味着，中国的城市发展存在人地资源错配引致的效率损失。

此项研究倡导一种顺应人口集聚方向的城市建设用地指标配置模式。然而，无论是在已经过期的第二轮《全国土地利用总体规划纲要（2006—2020)》中，还是在最新颁布的《市级国土空间总体规划编制指南（试行)》中，建设用地指标配置都没有与人口集聚的方向保持一致。原因在于：建设用地指标被视作了促进区域经济发展的关键资源。在这一思维模式下，顺应人口集聚方向的指标配置模式易于被认为与区域平衡发展战略相悖。然而"在集聚中走向平衡"是世界各国发展的一般经验，是一种能够兼顾效率与公平的发展理念。因此，摒弃"将建设用地指标视作促进区域经济发展的关键资源"的思维非常重要。如果非得要用指标来规制城市的空间扩张，这种规制就必须考虑到各个城市因经济集聚效应不同而形成的差异化空间需求。

余吉祥

2023 年 5 月

目　录

第一章　绪论

第一节　问题提出

城市发展是各类生产要素在有限空间集聚的结果。中国快速城市化进程中的生产要素空间集聚，以人口的城乡迁移最为引人注目。根据 2021 年《中国统计年鉴》数据，1978 年改革开放伊始，乡村人口占比高达 82.08%，到 2020 年已下降到 36.11%；与此同时，城镇人口规模从 1978 年的 1.72 亿人增长到 2020 年的 9.02 亿人。与人口迁移同步发生的是城镇空间的大幅扩张。以上海为例，1995 年和 2021 年《中国城市统计年鉴》数据显示，1994 年上海市的城市建成区面积为 350 平方千米，到 2020 年已增长到 1238 平方千米。①

各类生产要素在空间上的集聚，必然涉及生产要素流动与城市空间扩张的关系问题。如果城市发展空间是刚性的，那么要素的持续集聚终将因拥挤效应而终止，城市发展也因失去集聚经济外部性而不可持续。因此在中国快速的城市化进程中，人地协调最为重要。由此引发的一个问题是：现实中何种机制引致了中国人口的空间集聚？又是何种机制决定着城市的空间扩张？二者能否协调？如果不相协调，又会对城市发展施加哪些成本？

党的十九大报告指出，发挥市场在资源配置中的决定性作用，大幅减少政府对资源的直接配置，是经济由高速增长转向高质量发展阶段的

① 统计口径问题引发了城市建成区面积的不可比。在《中国城市统计年鉴》中，早期的城市建成区面积基于"市区"统计，后期的数据基于"市辖区"统计，"市辖区"是一个比"市区"更大的空间范畴。之所以使用上海市作为考察对象，是因为对高度城市化的上海来说，"市区"和"市辖区"在空间范围上更为接近，因此不同时期的数据更具可比性。具体细节参见本书第二章的讨论。

必然选择。改革开放前，户籍制度严格约束农村劳动力流动，中国没有一体化的区域和城乡劳动力市场，城镇化因此长期停滞不前。改革开放后，农村人口大量向城镇地区迁移，寻找工作机会，城镇化随之快速推进。因此，如果没有改革开放，没有劳动力市场的持续发展，就不可能有中国城镇化的快速推进。尽管户籍制度改革是一个渐进的过程，到目前为止农村移民在城镇的生活还是会比本地人遭遇更多困难（如子女上学、养老保障等），但与改革开放前城乡完全隔绝相比，情形已发生了根本性的变化。一个基本的判断是，市场已成为当下配置劳动力资源，引导中国人口空间再分布的主要力量。试想在严格的户籍制度控制下，没有了从乡村到城镇的人口迁移，仅凭城市人口的自然增长是无法实现如此快速的城市化进程的。

与人口的城乡迁移主要受市场机制引导不同，中国城市空间的扩张却一直受非市场力量的制约。这是因为，城市建设用地供给由地方政府亲自参与，通过农地征收转建设用地出让的方式实现。一类文献将其称作地方政府的城市土地开发（周飞舟，2010），认为财政激励和晋升激励下的地方政府行为是决定城市建设用地供给的基本力量（陶然等，2009；Li and Kung，2015）。另一类文献则从相反的视角切入，认为中国的城市空间扩张不仅受到强力的财政激励，还会受到严格的指标约束（周飞舟和谭明智，2014；周其仁，2018；尹兴民等，2022）。其实这两类文献有内在的逻辑关联。正是地方政府受到了强力的土地财政激励，其城市土地开发行为才会倾向于逾越国家的耕地保护红线，威胁到粮食安全和社会稳定。为了对地方政府过于激进的城市土地开发行为进行约束，国家设计了一套城市建设用地指标配置制度。正是在这一背景下，中国城市化进程中的城市空间扩张主要受计划指标配置这一非市场力量主导。

建设用地的计划配置与城市人口的市场配置对立，是中国城市发展所面临的一个独特的外部环境。计划和市场作为两种完全不同的资源配置方式，却同时影响了中国的城市发展，由此引致了人地资源的协调配置问题。一个极有可能发生的情况是：计划和市场两种资源配置方式的对立，使得中国城市发展所必需的"人""地"资源出现错配。具体来说，计划指标管控下的城市建设用地指标配置模式与市场机制引导下的城市人口增长特征不相容，使得支持城市持续发展的集聚经济外部性遭受负面影响，导致城市发展的效率损失。正是出于上述考虑，本书提出了"中国建设用地指标配置的逻辑及其对城市发展成本影响的研究"这一课题。

第二节 概念界定

一、城市建设用地

根据"城市用地分类与规划建设用地标准"（GB50137—2011），"建设用地"是与"非建设用地"相对的概念，它包括城乡居民点建设用地、区域交通设施用地、区域公用设施用地、特殊用地、采矿用地等；非建设用地则包括水域、农林用地以及其他非建设用地。城市内的居住用地、工业用地、商业服务业设施用地、公共管理与公共服务用地、交通设施用地、公用设施用地、物流仓储用地、绿地。从规划的角度看，城市建设用地的下辖各类别需要保持一种相对稳定的比例关系。如表1-1所示，在建设用地结构中，居住用地占比最高，在25%~40%，其次是工业用地和交通设施用地，分别在15%~30%以及10%~30%，然后依次是绿地和公共管理与公共服务用地。

表1-1　　　城市规划中各类型城市建设用地的比例关系　　　单位:%

类别名称	占城市建设用地的比例
居住用地	25.0~40.0
工业用地	15.0~30.0
交通设施用地	10.0~30.0
绿地	10.0~15.0
公共管理与公共服务用地	5.0~8.0

二、城市建设用地指标

《中华人民共和国土地管理法》在第三章"土地利用总体规划"中指出，各级地方人民政府要依据国民经济和社会发展规划、国土整治和资源环境保护的要求、土地供给能力以及各项建设对土地的需求，编制《土地利用总体规划》。编制工作所遵循的关键原则是：下一级政府编制的建设用地总量不得超过上一级政府编制的土地利用总体规划确定的控制指标，而耕地保有量不得低于上一级土地利用总体规划确定的控制指标。这一建设用地指标控制制度确定了一段时期内全国和各地区建设用地指标的增量，同时为我国的耕地保护作了顶层制度设计。[①] 《土地利用总体规划》确定了一段时期内地方人民政府的建设用地总量指标，而具体到每一年，建设用地指标则由各级地方人民政府编制的《国有建设用地年度供给计划》确定。该数据一般都可从地方各级人民政府的自然资源厅（局）网站上公开查看。表 1—2 列示了安徽省合肥市（本级）各类城市建设用地指标的分配情况，其中居住用地 733.33 公顷，占比 30.22%，位列各类用地最高。其次是交通运输用地、工矿用地、仓储业用地等。

表 1—2　　　安徽省合肥市（本级）2022 年度各类建设用地指标

土地用途		供地计划（公顷）	比重（%）
1. 商业服务业用地		106.67	4.40
2. 居住用地	小计	733.33	30.22
	商品住房用地	433.33	59.09
	棚户区、城中村改造用地、拆迁安置用地	226.67	30.91
	租赁住房用地	73.33	10
3. 工矿、仓储业用地		346.67	14.29
4. 公共管理与服务用地		266.67	10.99
5. 交通运输用地		633.33	26.10
6. 公用设施用地		133.33	5.49
7. 绿地与开敞空间用地		200	8.24
8. 特殊用地		6.67	0.27
合计		2426.67	100

资料来源：《合肥市 2022 年度国有建设用地供应计划（市本级）》，http://zrzyghgj.hefei.gov.cn/group4/M00/0A/A7/wKgEIWJIDNmAN3I – AANdKo420mc902.pdf。

三、城市人口规模

建设用地指标配置与城市规模密切相关。城市规模有两个维度：一是空间，二是人口。在当前官方的统计数据中，城市人口规模有两种统计口径：一是常住人口统计口径，二是户籍人口统计口径。改革开放以来，劳动力市场从无到有，从不成熟走向成熟，是推动人口城乡流动，推进中国城镇化进程的重要动力。在这一背景下，基于户籍人口的统计口径已无法反映出大规模人口流动的现实背景，也与中国快速的城镇化进程不符，因

[①]　到目前为止，我国共实施了两轮土地利用总体规划。第一轮土地利用总体规划的规划期是 1997 ~ 2010 年，第二轮的规划期是 2006 ~ 2020 年。

此已不再是度量城市规模的合理指标。在这种情况下,本书对城市人口规模的度量以常住人口统计口径为主。根据全国人口普查的分类统计方法,城市常住人口包括:(1)居住在本乡镇街道,且户口在本乡镇街道的人口;(2)居住在本乡镇街道半年以上,户口在外乡镇街道的人口;(3)居住在本乡镇街道不满半年,离开户口登记地半年以上的人口;(4)居住本乡镇街道,户口待定的人口;(5)原住本乡镇街道,现在国外工作学习,暂无户口的人口。[①] 根据这一分类,第(1)类人口即为按户籍口径统计的人口,而第(2)类和第(3)类人口则为流动人口。第(1)、第(2)、第(3)类的和即为常住人口规模。在中国快速城镇化进程中,从农村迁往城市就业的农村劳动力是第(2)、第(3)类人口的主体。以上海为例,根据2020年第七次全国人口普查(以下简称"七普")数据,上海市2020年常住人口规模为2487万人,其中,居住在本乡镇街道且户口也在本乡镇街道的户籍人口仅为952万人,其他大多数都是户口在外乡镇街道的迁移人口。从这一简单事实可以发现,如果仅用户籍人口口径统计城市人口规模,则会导致低估问题。在有更多迁移人口的沿海大城市,这种低估更为严重。

四、城市发展成本

从生产的角度看,成本是为了获得产出而必须给予参与生产的要素的补偿。如果将城市看作一个生产单位,那么城市发展成本指的是城市为了创造一单位财富而给予的参与生产的要素的补偿,这是城市发展的要素投入成本。但城市生产和单个企业生产最大的不同是,城市是一个大的生产单位,享有集聚经济效率。这决定着城市发展除要素投入成本之外,还存在效率成本。当集聚经济充分发挥时,城市生产效率提高。但如果某些因素——比如本书关注的人地资源错配——阻碍了生产效率的提高,便产生效率成本。

在现有的文献中,城市要素补偿的多少与两个方面的因素密切相关:一是房价,二是公共品供给状况。房价作为城市发展的成本,受到了长久和广泛的关注(Glaeser and Gyourko, 2003;Duranton and Puga, 2001;Glaeser and Ward, 2009;Gyourko and Molloy, 2014)。恰卡巴蒂和张(Chakrabarti and Zhang, 2015)关于美国加州湾区高房价对城市发展的实证研究表明,房价越高的城市创造就业的能力越低。陆铭等(2015)指出,偏向中西部的土地供给通过房价推高了东部地区的工资。周颖刚等

---

① 参见第五次人口普查表长表,http://www.stats.gov.cn/tjsj/pcsj/rkpc/5rp/index.htm。

（2019）考察中国高房价对已进入城市的劳动力是否"住"下来的影响，发现高房价对高技能劳动力具有"挤出效应"，且在大城市这一效应更为显著。高房价提高城市发展成本的机制在于：在劳动力可跨地区自由迁移的条件下，个体要求地区间应有一个一致的均衡工资水平，此时房价会被工人纳入实际工资一起影响劳动供给决策（Roback，1982）。因此，房价高的城市创造一单位的财富，要比低房价城市付出更高的工资成本。

同样的道理，如果一个城市的公共支出有所偏向，就会导致特定公共品供给不足。中国的公共支出有重视生产性公共品（如交通基础设施等），轻视民生性公共品（如教育医疗等）的特征（傅勇和张晏，2007）。在城市公共服务水平不高，私人部门不得不支出更多以获得同等质量的公共服务的条件下，城市的人力资本供给也会减少，推动工资上涨，企业因此分担了本应由公共部门支付的成本。这样一来，高房价、公共支出结构的失衡都将使得城市单位产出的投入更高，城市发展成本随之上升。在高房价和公共支出结构失衡的背景下，城市的人口集聚能力下降，使得城市发展难以利用集聚经济的外部性，引致效率损失。这样一来，本书所讨论的城市发展成本具体分为两类：一是高房价和公共支出结构失衡导致的要素成本上升；二是集聚不经济导致的效率损失。

第三节　议题设置

改革开放以来的中国城市发展集中体现为城市人口规模的增长和城市空间规模的扩张。本书即以此为研究对象，考察推动这两个维度的城市发展的动力机制，并从城市建设用地指标配置的角度考察城市空间扩张能否与城市人口规模增长相容；最后基于二者之间协调性的判断，论证中国的城市建设用地指标配置在推动房价上涨、引致公共支出结构失衡和造成城市集聚经济效率损失中的作用。具体地，本书以城市建设用地指标的配置逻辑为核心研究议题，以中国城市人口增长特征的分析为切入点，考察城市建设用地指标的配置模式能否与城市人口增长的特征相容，最后从房价、城市公共支出结构以及城市集聚经济效率三个维度考察人地资源配置模式对城市发展成本的影响。

第一部分为市场机制引导下的城市人口增长特征研究。改革开放前的实践表明，限制从农村到城市的人口流动，单凭城市人口自然增长，难以实现城镇化的快速推进。这意味着改革开放后的快速城镇化是破除区域和城乡阻隔，构建一体化劳动力市场的结果。基于此，研究中国城市人口增长的特征离不开对引导农村人口流动的市场机制的分析。

由刘易斯（Lewis，1954）开创的二元经济理论是解释从农村到城市的劳动力流动的经典分析框架。改革开放初期的中国经济近乎二元经济理论描述的情形：农业部门存在大量的剩余劳动力，农业劳动的边际产出近乎为零。因此，工农部门之间的工资率差异是引发从农村到城市的人口流动的主要动力。托达罗（Todaro，1969）以及哈里斯和托达罗（Harris & Todaro，1970）的模型融入了城市失业因素，城乡工资差异被调整成了期望工资差距，但解释发展中国家农村劳动力流动的基本机制没有发生变化，因此这只是一个更为完善的二元经济理论分析框架。二元经济理论致力于对城乡迁移的解释，但中国的农村劳动力流动具有显著的空间特征，这里混杂进了另一种市场机制的作用。

自 20 世纪 90 年代兴起的新经济地理学和城市经济学也使用工资差异来解释劳动力流动（Fujita et al.，1999；Duranton and Puga，2001）。但是与二元经济理论将城乡工资差异归因于农村接近无限的劳动力供给不同，新经济地理学和城市经济学强调规模经济在引发城乡和地区工资差距中的作用。其中，新经济地理学强调的是大市场的作用，认为位于市场规模更大地区里的企业有能力支付一个更高的工资水平，从而引发了生产要素（资本和劳动力）向大市场集聚（Fujita et al.，1999）。而城市经济学强调的是，城市规模扩张带来分享、匹配和学习效应（Duranton and Puga，2001），进而引致人口向大城市集聚。中国的改革开放伴随着城市化政策的转型。2000 年后，"严格限制大城市，优先发展中小城市"的城市化政策被抛弃，沿海大城市因大市场和大城市的规模经济优势，吸引了中国人口跨地区的城乡流动。

在中国城市发展过程中，城乡劳动力流动兼具跨地区迁移的特征（余吉祥和沈坤荣，2013），因此仅以二元经济理论解析人口流动的动力机制存在欠缺。新经济地理学和城市经济学不仅可以解释人口的城乡流动，还能解释人口的跨地区流动，因此更合适作为分析中国城市人口增长特征的理论框架。为此，本书从大城市和大市场两个视角切入，借助人口普查数据，考察中国城市人口的增长特征。其中，第二章考察大城市在促进中国城市人口增长上的作用，第三章考察沿海大市场以及重要的城市群在促进中国城市人口增长上的作用，第四章进一步从大城市的"技术外部性"和大市场的"金融外部性"考察人口迁移的微观机制。

第二部分为计划指标管控下的建设用地供给模式研究。在完全的市场机制的作用下，城市空间扩张会与城市人口增长相适应。具体来说，当城市空间扩张滞后于城市人口增长时，引发过度集聚效应，例如房价高企提高城市发展成本，由此激励城市空间的扩张。但是，城市空间扩张的潜在收益并不一定能够引发城市建设用地供给的实际行动，这与建设用地供给的模式相关。在市场经济国家，建设用地供给主要受城市规划条例制约（Gyourko and Molloy，2014）。我国的城市建设用地供给不仅要与城市规划相一致，还受到了城市建设用地指标配置的终极约束（刘守英等，2022；周其仁，2018；周飞舟和谭明智，2014；陆铭，2011），因此，建设用地指标的配置是否照顾到了大城市和大市场地区的建设用地需求便成了一个需要研究的问题。

在中央政府的各类指导性政策性文件中，均强调城市建设用地资源配置要与城市化进程相协调。比如 2014 年颁布的《国家新型城市化规划 2014－2020》，以及最新通过的《国家新型城镇化规划 2020－2035》，均希望通过建设用地资源的配置推进城市化进程。但是，建设用地资源因指标限制而稀缺，这样一来其优先配置方向就极为关键。在区域平衡发展战略下，中央政府希望借助稀缺指标的偏向性配置促进欠发达地区发展，因此，在一些更具操作性的政策文件中，城市化和工业化水平更高地区的建设用地指标配置受到压制。例如，在 2020 年自然资源部发布的"市级国土空间总体规划编制指南"中，"城镇弹性发展区"面积占比的设置就和城市人口规模成反比关系。这意味着人口规模越大的城市，发展的弹性空间越小。然而在实践中，大城市的人口集聚力更强，需要更大的弹性发展空间。这样一来，实践中的指标配置模式如何？是否在指标的平衡配置中牺牲了效率？都是需要进一步研究的问题。

中国城市空间规模的扩张还与地方政府"以地谋发展"的激励密切相关。1994 年分税制改革后，主要财权上收中央，使得地方政府财政压力凸显。不过随着城市土地出让收益被赋予地方政府，以及工业化和城市化引致的建设用地价值增值，土地出让收入成为地方财政收入的重要来源。在土地市场繁荣年份，一些城市的土地出让收入与预算内收入相当（周飞舟，2010）。现存文献认为，地方政府的生财之道是大兴土木（周飞舟，2007；周飞舟，2010），财政激励是激发城市建设用地供给的基本机制。在城市建设用地供给受建设用地指标约束的背景下，财政激励必然与建设用地指标的配置产生逻辑关联。然而，在现存的文献中，较少有这个方向的研究。

在这一背景下，本书第五章深入研究了中国城市建设用地指标的地区配置制度。首先从区域平衡发展战略的视角，凝练出城市建设用地指标配置的基本特征，重点讨论了中国城市建设用地指标的地区配置逻辑及其在实践中的具体表现。其次借助土地利用总体规划数据，本章归纳出中国城市建设用地指标逆人口集聚方向的配置模式。第六章从地方政府所受到的财政激励的视角出发，进一步考察了城市建设用地指标的用途配置逻辑，并借助土地利用年度计划指标数据，归纳出"逆人口集聚方向叠加偏向工业用途"的指标配置模式。

第三部分为人地错配引致的城市发展成本研究。当城市建设用地的供给跟不上城市人口增长的步伐时，就会助推房价上涨。高房价普遍被认为是拖累城市发展的关键成本，且已被国内外研究所证实（周颖刚等，2019；Chakrabarti and Zhang，2015）。建设用地指标因约束了城市建设用地供给，从而与房价产生逻辑关联。基于第二部分归纳出的中国城市建设用地指标的配置模式，这一关联的路径有两条：一是人口增长速度快的城市没有获得足够的指标，导致城市建设用地供给总量不足；二是在建设用地指标既定的条件下，地方政府在财政收入最大化的激励下，扩张工业用地供给，压缩居住用地供给，从而推高房价。当两条路径之一或同时存在时，建设用地指标的配置就会通过房价长期影响城市发展。

随着人口向城市的集聚，公共产品需求增长。如果供给不足，将导致通勤成本上升，教育、医疗公共服务质量下降等问题，这是阻碍城市可持续发展的第二类成本。在中国，不同类型的公共支出，地方政府是有不同的偏好的，主要表现为基础设施类公共产品优先供给，民生性公共产品供给则通常不足（傅勇和张晏，2007；Jia et al.，2014）。这主要是因为基础设施类公共产品有助于促进未来财政收入的进一步增长，但民生性公共产品供给的税收效应较小。在中国，以土地撬动的债务融资是公共支出资金的重要来源。具体机制是：城市建设用地是地方投融资平台的重要抵押品，是地方政府获取城市建设资金，推高地方债务增长的重要工具（范剑勇和莫家伟，2014）。在这一背景下，获取建设用地指标更多的地方会获得更多的可供抵押的建设用地，从而累积更多的地方债务。为了化解债务，地方公共产品供给结构进一步向基础设施类公共产品倾斜，导致民生性公共产品供给不足。公共支出结构失衡因此损害了城市长期发展。

空间均衡的力量使得高房价和低公共产品供给推高工资成本，阻碍城市集聚经济效应发挥。基于上述逻辑，本书在第七章解释了当下的指标配置模式如何通过提高住宅用地的出让价格而对住房市场产生挤压效应，在第八章基于"建设用地指标向地方政府债务转化"的逻辑，研究了地方政府在偿债需求的影响下，如何加剧公共支出结构失衡，导致民生性公共产品供给不足。以第七章和第八章的研究结论为基础，可以推导出，中国逆人口集聚方向叠加偏向工业用途的建设用地指标模式会引致集聚经济效率损失。本书第九章首先对中国城市是否存在集聚经济效率损失进行检验，然后构建一个纳入城市空间扩张因素的新古典增长模型，探讨能够加速城市经济增长的指标配置的应有的特征。

第四节　逻辑结构

图 1-1 显示了第三节设置的各议题间的逻辑结构。第一部分研究市场机制引导下的城市人口增长，为图 1-1 的左上部分。此项研究主要从新经济地理学和城市经济学的基本原理出发，以大城市和大市场在引导城市人口增长中的作用凸显市场机制的重要性。在归纳总结出中国城市人口增长的特征后，本书转向对城市建设用地指标配置模式的考察，讨论由指标控制的建设用地供给是否与大城市和大市场地区的建设用地需求相匹配，此为图 1-1 的右上部分。此项研究首先基于中国的平衡发展战略考察城市建设用地指标的地区配置问题，论证内地和中小城市在建设用地指标分配上的优势；进而基于财政激励的视角，考察建设用地指标的用途配置，论证工业用地指标配置对居住用地指标供给的挤压效应。上述两项研究揭示了中国"逆人口集聚方向叠加偏向工业用途"的城市建设用地指标配置模式。这样一来，计划管制下的建设用地指标配置便与市场引导下的城市人口增长不相容，导致了城市发展的人力资源与土地资源错配。

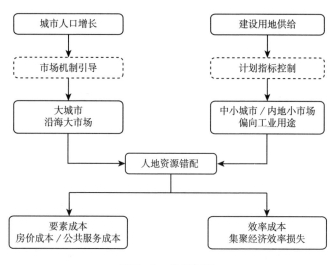

图 1-1　分析框架

建立在这一结论基础上，本书进一步研究中国的城市建设用地指标配置模式在推高房价、引致公共支出结构失衡中的作用，揭示了人地资源错配提高城市发展的要素投入成本的内在机制。除此之外，人地资源错配还造成城市集聚经济效率损失。这两项内容体现在图1-1的下半部分中，构成了本书的第三部分——城市发展成本研究。全书逻辑结构按"分—总"模式设置，其中第一部分"中国城市人口增长的特征"是研究的出发点，第二部分"建设用地指标配置的模式"是研究的核心，第三部分"城市发展成本"是研究的落脚点。

第五节　主要结论

一、大城市和大市场是中国城市人口增长的主要动力

基于1982年、1990年、2000年、2010年、2020年的第三、第四、第五、第六、第七次全国人口普查数据，使用常住人口统计口径，借助齐夫回归方法研究发现，中国的城市规模分布特征在2000年前后发生转折，从前期的均衡式发展转向后期的集中化发展，这意味着城市人口增长主要以大城市为载体。同时，沿海大城市和城市群在2000年后吸引了大规模的跨省迁移人口，显示了大市场地区超强的人口集聚能力。微观机制分析表明：农村迁移人口既能从大城市提供的"技术外部性"中受益，也能从大市场提供的"金融外部性"中受益。但是，相比于大城市提供的"技术外部性"，农村移民主要受益于大市场提供的"金融外部性"，这显示了市场力量在引导中国城市人口增长中的关键作用。

二、建设用地指标配置表现出"逆人口集聚方向叠加
偏向工业用途"的特征

中国的城市土地供给受制于一个"从中央到地方""先地区后用途"的建设用地指标配置制度。具体地，中央政府每年会确定一个新增城市建设用地指标的总量，然后将总量指标在各省，并通过省级政府在各区县之间进行分配，此为指标的地区配置。区县政府则进一步将指标在工业用地和居住用地等用途之间分配，此为指标的用途配置。因建设用地供给受稀缺指标制约，中央政府将其作为推进区域平衡发展战略的重要政策工具，使得指标的地区配置偏向欠发达地区和中小城市。另外，指标制约下的建

设用地供给与地方财政收入密切关联，财政激励下的地方政府对指标的配置又偏向了工业用途。由此形成一个"逆人口集聚方向叠加偏向工业用途"的建设用地指标配置模式。

三、人地错配推高房价、引致公共支出结构失衡，造成集聚经济效率损失

"逆人口集聚方向叠加偏向工业用途的建设用地指标配置模式"对大城市和大市场地区的居住用地供给和住房市场产生了显著的挤压效应，推高了住宅用地出让价格，导致中国"人口、土地和住房"的空间错配。鉴于土地抵押融资是地方政府获取城市建设资金的重要方式，因此建设用地指标会向地方政府债务转化。在偿债需求的影响下，地方公共支出结构偏向了基础设施，民生性公共品供给受到挤压。高房价和公共支出结构失衡对城市长期发展造成损害，具体表现为：中国的城市发展存在集聚经济效率损失。由于建设用地指标配置偏离了人口集聚的方向，所以大城市空间扩张显示了更强的加速城市经济增长的能力。在建设用地指标对城市空间扩张具有严格约束力的背景下，当前的指标配置模式急需变革。

第六节　创新点和研究特色

一、创新点

1. 提出了"受市场机制引导的城市人口增长与受计划指标管控的建设用地供给难以协调"的观点。市场和政府作为两种完全不同的资源配置的基本方式，同时存在于中国城市发展过程中，使得城市发展过程中的人地协调成为一个需要探讨的问题。本书研究发现，中国城市人口增长受市场力量引导，显示了向沿海大城市和大市场集聚的特征。与此同时，建设用地指标配置表现出了"逆人口集聚方向叠加偏向工业用途"的特征，显示了计划指标控制的建设用地供给对城市人口集聚方向的偏离。

2. 从指标配置的视角构建了中国城市建设用地供给的理论分析框架。尽管经历了较长时间的改革，但中国一些重要资源的配置仍然采用计划指标的方式。如同普通高等学校的招生计划指标一样，中国的城市建设用地供给也采用指标配置方式。指标分配问题因此重要却鲜有研究。对中央政府来说，区域平衡发展、耕地保护都很重要，这决定着指标的地区配置原

则并不限于经济因素。但地方政府的考量则是纯粹的经济利益，以财政最大化为目标。基于两个方面的制度背景，本书构建了中国城市建设用地指标配置的理论分析框架。

3. 概括出了中国"逆人口集聚方向叠加偏向工业用途"的城市建设用地指标配置模式，提出并论证了中国"人口、土地和住房"的空间错配推高房价，提高城市发展成本的观点。在城市经济学文献中，高房价被认为是制约城市发展最为重要的因素。此项研究发现，中国城市建设用地指标的地区配置偏离了人口集聚地，而各区县在财政激励的作用下又在用途配置上偏向了工业用地，挤压了居住用地，从而在人口集聚区造成了住房市场上的供给紧张局面。

4. 提出并论证了"城市建设用地指标会转化为地方政府债务"的观点，并发现地方政府的偿债需求引致了公共支出结构的失衡。土地抵押融资是地方政府推进城市发展的重要手段，在本书的视角里，能够提供抵押融资的土地规模与城市所获得的建设用地指标数量密切相关。因此，获得更多指标的地区将累积更多的地方政府债务。为了偿还债务，地方政府又扩张基础设施类公共产品，压缩民生类公共产品的激励，从而造成了公共支出结构失衡。

5. 提出并论证了"人地资源错配引致城市集聚经济效率损失"的观点。城市建设用地指标的配置应以缓解大城市拥挤效应为主要目标，但中国的城市建设用地指标配置偏向了内地中小城市，引发集聚不经济。基于这一事实本书研究发现，向初始人口规模更大的城市投放更多的建设用地指标，更能促进城市生产率增长。然而实际的指标配置模式却偏离了人口集聚的方向。因为中国的建设用地指标对城市空间扩张具有严格的约束力，因此当前的指标配置模式亟需改变。

二、研究特色

1. 选题特色。城市发展是世界各国的共有话题。如果将城市发展聚焦于城市空间的扩张，将立即发现中国与其他国家显著不同。在世界大多数国家，城市空间扩张主要受城市规划条例的约束（Gyourko and Molloy，2014），但中国的城市空间扩张主要受到建设用地指标的约束。从建设用地指标配置的角度研究城市发展问题，是由中国独特的制度背景决定的。

2. 视角特色。城市发展最直观的体现是人口规模的增长和空间规模的扩张。本书并不单从人口增长，也不单从空间扩张去考察中国的城市发展，而是自始至终聚焦于"人""地"两个要素能否协调。基于市场机制引导的城市人口增长特征和指标管控的城市空间扩张模式的比较，对二者能否协调作出判断，进而对影响城市发展的成本因素进行考察。

3. 方法特色。本书以比较制度分析方法为基础，首先基于新经济地理学和城市经济学理论，考察改革开放以来逐步深入的劳动力市场化改革如何引导城市人口增长。同时基于中国的土地制度背景，以及中央政府和地方政府不同的政策偏好，构建计划指标控制下的城市建设用地供给的理论框架，归纳指标配置模式。最后基于二者之间的比较，得到我国城市发展过程中"人""地"协调情况的基本判断。

第一部分

市场机制引导下的城市人口增长

第二章　大城市与中国城市人口增长

　　城市化研究需要回答城市人口增长以何种类型的城市为载体的问题，是大城市？还是中小城市或小城镇？在城市化的起步和快速发展时期，城市人口增长主要以大城市为载体。但我国在改革开放前期的城市化政策并不倡导这条路径，而是强调中小城市和小城镇优先发展。2000年，中国的城市化政策调整为"大中小城市和小城镇协调发展"，这一政策的调整顺应了世界城市人口增长的一般规律。本章揭示中国城市人口增长和城市规模之间的关系，研究以城市集聚经济为理论基础，以中国具体的城市化政策为演进历史背景。

　　集聚经济引导人口向大城市流动，但在中小城市和小城镇优先发展的城市化政策影响下，这种趋势并不明显，甚至向反方向发展。不过随着城市化政策的调整，大城市的作用尽管会"迟到"，但不会"缺席"。本章使用齐夫回归的研究方法，利用回归系数判定城市人口增长是"集中化的"，还是"均衡式的"。研究的难点是如何度量城市的人口规模。本章详细探讨并提出了中国城市人口规模的核算方法，确保其在时间上和空间上都具有可比性。

第一节　齐夫法则

　　当城市人口增长主要发生在大城市时，各个城市人口规模的差异将会变大。反之，如果城市人口增长主要发生在小城市时，各个城市人口规模的差异就会变小。城市人口规模的差异又称城市规模分布，它研究的是不同等级城市的人口规模之间的数量关系。① 对这一问题的探索早在100年前就有展开。1913年，奥尔巴赫（Auerbach）就发现城市人口的规模分布

---

① 城市规模有两个维度：一是人口规模，二是空间规模。本章所指城市规模为人口维度。

可用帕累托分布函数来描述。用公式表示是 $R = AS^{-a}$，两边取对数为 $\ln R = \ln A - a\ln S$。在这一式中，S 为城市的人口规模，R 为城市规模的位序，定义为人口规模大于或等于 S 的城市的数量，a 是衡量城市规模分布集中或分散程度的帕累托指数。如果 a 变大，城市规模分布变得更加均衡，此时的城市人口增长主要发生在小城市。反之，如果 a 变小，则意味着城市规模分布变得更加集中，表示城市人口增长主要发生在大城市。

帕累托指数的变化与城市规模分布的变化之间的关系有着较好的经济学直观解释。当城市规模差异较小时（比如完全无差异），S 的微小变化就可导致 R 的巨大变化，此时 a 必定是一个更大的数。这意味着，当 a 变大时，各个城市间的规模差异在变小。反之，当 a 变小时，各个城市间的规模差异在变大。

齐夫（Zipf，1949）认为，城市规模分布的帕累托指数为1，上式变为 $R \times S = A$，也就是说城市规模的位序乘以城市的人口等于一个常数。即排名第一的城市 $1 \times S_1 = A$；$2 \times S_2 = A$；$3 \times S_3 = A$……这意味着排名第二的城市人口规模是最大城市人口规模的50%，排名第三的城市人口规模是最大城市人口规模的1/3，依此类推。这便是著名的"齐夫定律"，满足这一法则的城市规模分布也称作"齐夫分布"。

自从"齐夫法则"提出后，便产生了大量验证这一法则的经验研究文献。从所得结果来看，结论并不一致。克鲁格曼（Krugman，1996）和加贝斯（Gabaix，1999）发现美国的城市规模分布满足"齐夫定律"。但是，也有文献发现"齐夫定律"并不总被满足。罗森和瑞斯尼克（Rosen and Resnick，1980）基于 44 个国家的数据，卡罗尔（Carroll，1982）基于 1913 ~ 1980 年的多国经验研究文献，苏（Soo，2005）基于 73 个国家城市规模的最新数据，尼切（Nitsch，2005）基于已有的 29 项研究中 515 个帕累托指数的估计值，均未发现"齐夫法则"在世界各国普遍成立的证据。

关于中国的城市规模分布是否满足"齐夫定律"的问题，也产生了大量的研究。宋顺锋和张宏霖（Song and Zhang，2002）的研究发现，中国城市规模分布的 a 值从 1991 年的 0.92 上升到 1998 年的 1.04，基本符合"齐夫定律"的预测。从趋势上看，已有研究发现，2000 年以前中国城市规模分布的齐夫系数变得越来越大（Chen and Fu，2006；Anderson and Ge，2005）。其蕴含的经济意义是：2000 年前中国城市人口增长主要发生在中小城市，导致城市规模分布变得越来越均衡。

这一结果应该与中国在改革开放初期执行的城市化政策有关。在 20 世纪 90 年代，《城市规划法》倡导"严格控制大城市规模、合理发展中等城市和小城市"的方针。另一个典型的城市化政策则是"造城运动"。1983 年以后，中央政府将全国近 15% 的县改成了县级市（Li，2008）。由于大量小规模城市数量的显著增长，导致中国城市规模分布向均衡化方向发展（Fan，1999；Chung and Lam，2004）。

然而，小规模城市数量的增长毕竟和城市化在起步阶段的一般规律相左。因为它以牺牲城市集聚经济为代价，所以在推动中国的城市化进程上，这种城市化政策因违反经济规律而不可持续。这也直接导致了中国的城市化政策在 2000 年前后发生了重大转变（王小鲁，2010）。这表现在两个方面：一是中央政府在 1997 年冻结了"县改市"的政策（Li，2008）；二是 2002 年党的十六大报告一改之前常规，倡导"坚持大中小城市和小城镇协调发展"的方针。

在城市化政策发生明显转折的情况下，中国城市人口增长的特征可能会发生重大变化。陆旸（2021）基于跨国数据的研究发现，在较低的经济发展水平上，城市首位度和经济发展之间为正相关关系；而在较高发展水平上，二者之间关系为负。改革开放 40 多年，中国已跻身中上收入国家行列，其间城市人口增长的特征，特别是动态演进趋势可能会有显著变化，需要进一步研究。为了厘清这一问题，本章使用改革开放至今的五次（1982 年、1990 年、2000 年、2010 年、2020 年）人口普查数据展开研究，获得中国城市人口增长的动态特征。本书放弃已有研究使用的"市区非农业人口"度量城市的人口规模，原因在于，"市区非农业人口"是基于公安部门的户籍人口口径统计的，会低估城市人口规模，特别是有大量迁入人口的沿海大城市的人口规模，使用这一数据进行研究会影响结论的可信度。

第二节　中国城市人口规模统计口径探讨

描述中国城市规模分布的演进趋势，需要获取合理的城市规模数据。然而，受城市人口统计口径变动的影响，要获得时间上和空间上均可比的城市规模数据，却是一件比较困难的事情。

首先，在《中国城市统计年鉴》中，"市区非农业人口"被确定为度量城市规模的官方指标。[①] 但是，各年《中国城市统计年鉴》明确指出，"市区非农业人口"使用的是按农业、非农业户口分类的户籍统计口径。

---

① 国家统计局还根据该指标将城市规模划分为相应的等级。

改革开放后，由于人口的城乡迁移，使得用户籍人口口径统计的"市区非农业人口"已经不能反映城市的真实规模。以北京市为例，2000年北京市区非农业人口规模为726.88万人，但第五次全国人口普查（以下简称"五普"）数据显示，2000年北京市辖区内的常住人口为949.67万人，二者相差200多万人，相当于一个超大城市的人口规模。如果大城市吸引了更大规模的人口迁入，那么"市区非农业人口"会低估城市的集中度。然而，已有文献均使用"市区非农业人口"指标来衡量城市规模，这显然对研究结果的可靠性造成了负面影响。

由于人口普查数据是基于常住人口口径统计的，将迁移人口包括在内，因此，使用该数据度量城市规模，可以解决"市区非农业人口"对城市规模的偏小估计问题。然而，我们在研究中也发现，不同年份的人口普查在"城乡划分的标准"上并不一致，从而给不同时期城市规模的可比性带来负面影响。本小节的主要工作就是通过对不同年份人口普查的城乡划分标准的讨论，找到一个相对合理的方法，使得在该方法下度量的城市规模具有最大限度的可比性。

截至2020年，中国进行了七次人口普查。改革开放前进行了两次，分别是1953年的第一次全国人口普查（以下简称"一普"）和1964年的第二次全国人口普查（以下简称"二普"）。改革开放后进行了五次，分别是1982年、1990年、2000年、2010年、2020年的第三次、第四次、第五次、第六次、第七次全国人口普查。在"一普"中，采用市辖区的总人口来衡量城市规模。由于当时的行政建制采用的是切块设市的方式，城市辖区基本上等同于城市实体区域，因此，该标准能够比较准确地衡量城市规模。"二普"采用的是市辖区内的非农业人口，而不是总人口，在一定程度上导致了对城市规模的偏小估计。1982年的第三次全国人口普查（以下简称"三普"）重新回到了"一普"标准，使用市区总人口来度量城市规模，在当时的行政建制下，能够准确度量城市规模。[①]

究其原因在于改革开放初期，中国的行政建制仍然是切块设市的方式，城市的行政辖区与周边的郊县并不重叠，因此，"三普"使用的市区总人口能够较为准确地度量城市的真实规模。但从1984年开始，全国大范围掀起了"乡改镇""县改市""地改市"的热潮。在这种情况下，城市的行政辖区面积大幅增长，经济维度上的城市与行政维度上的城市已不

---

① 关于第一次、第二次、第三次全国人口普查城市人口统计标准的详细讨论参见周一星和于海波（2004）的研究。

是一个概念。因此，如果继续使用"市区总人口"来衡量城市的规模，则会产生严重的高估问题。

这样一来，中国城市人口规模的度量面临着巨大的困难。如果使用"市区非农业人口"，则会因为未将城市迁移人口包括在内而产生低估的问题。而如果使用"市区总人口"，又会因城市辖区面积过大而产生高估问题。在这种情况下，第四次全国人口普查（以下简称"四普"）采用了一个折中的方法来度量城市人口。根据《1990年第四次全国人口普查资料》的"编辑说明"，"市人口"按两套标准统计，分别包括"设区的市所辖的区人口"和"不设区的市所辖的街道人口"。由于市辖区包含了一定量的农业人口，因此，"设区的市所辖的区人口"是偏大的统计口径，倾向于高估城市规模。而"不设区的市所辖的街道人口"是偏小的统计口径，倾向于低估城市规模。由于该标准存在估计偏误，所以，各城市估计偏误的程度必定会有所不同，在这种情况下，依据此口径统计的城市规模实际上是不可比的。

2000年"五普"针对上述问题做了改进。这种改进体现在，首先对"四普"设区的市的城市人口规模进行了收缩，只有人口密度在1500人/平方千米以上的市区人口，才记入城市人口，而对于人口密度在1500人/平方千米以下的市区，只包含街道办事处和城区延伸地域的人口。其次，相比于"四普"标准，"五普"标准对不设区的市的人口进行了放大，不仅包括市辖街道办事处的人口，还包括市政府驻地城区建设延伸地域的人口。[①]

"五普"标准尽管有一致性，但该标准过于复杂，操作困难。2010年第六次全国人口普查（以下简称"六普"）对城区的定义使用了更为简单划一的标准。根据《中国2010年人口普查资料》中"统计上划分城乡的规定"，[②] 城区是指在市辖区和不设区的市，区、市政府驻地的实际建设连接到的居民委员会和其他区域。该标准仅以城市的"实际建设"为标准，从而使得城市人口规模的统计更加统一。[③] 依据这一标准统计的城市人口规模在不同的城市间是完全可比的。

"城乡划分标准"的目的是要建立起城市的"实体区域"，将非城市

---

① 具体标准参见《中国2000年人口普查资料》附录"统计上划分城乡的规定（试行）"。

② 见国务院于2008年7月12日《国务院关于统计上划分城乡规定的批复》批复。

③ 至本书截稿，第七次全国人口普查资料还未公开出版，尽管第七次全国人口普查城乡划分未见官方说明，但《国务院关于统计上划分城乡规定的批复》中"统计上划分城乡的规定"仍然出现在国家统计局的官方网站上，因此猜测仍然为"七普"的城乡划分标准。

经济功能区排除在外，以便准确地度量城市人口规模。我们将新中国成立以来，全部六次全国人口普查关于城市人口的统计标准及其估计偏误情况进行汇总。从表2-1中可见，直到"六普"时，国家才真正建立起与城市"实体地域"相一致的城市人口统计标准。因此，利用"六普"数据汇总得到的城市规模是最为可靠的。本章利用国务院第六次全国人口普查办公室提供的"六普"数据资料，对2010年中国287个地级市的城市人口规模进行了统计，为获得最为准确的城市规模分布特征提供了数据保障。

表2-1　　　　　　不同年份人口普查关于城市人口的统计标准

人口普查	城市人口统计标准	估计偏误情况
"一普" （1953年）	市区总人口	稍偏大，含较小比例的农业人口
"二普" （1964年）	市区非农业人口	稍偏小，未包含全部的城区人口
"三普" （1982年）	市区总人口	稍偏大，含较小比例的农业人口
"四普" （1990年）	设区市的市辖区总人口； 不设区的市的街道办事处人口	设区的市是偏大估计； 不设区的市是偏小估计
"五普" （2000年）	设区的市：人口密度在1500人/平方千米以上的城区人口，加上人口密度在1500人/平方千米以下的街道办事处人口和城区延伸区域人口。 不设区的市：街道办事处和居民委员会人口，城区延伸地域内的人口	基本无偏误
"六普" （2010年）	区、市政府驻地的实际建设连接到的居民委员会和其他区域的人口	无偏误
"七普" （2020年）	区、市政府驻地的实际建设连接到的居民委员会和其他区域的人口	无偏误

注："一普""二普""三普"城市人口统计标准见周一星和于海波（2004），"四普""五普""六普"统计标准见相应年份的人口普查资料。"七普"统计标准见国家统计局"统计上划分城乡的规定"。

在最新的《中国城市统计年鉴》中，关于地级城市人口规模的统计指标有四个，分别是"全市常住人口""市辖区常住人口""全市城镇常住人口""市辖区城镇常住人口"。其中，"市辖区城镇常住人口"指标较"市辖区常住人口"更为精确，因为它剔除了市辖区内的非城镇地区；同时较"全市城镇常住人口"也更为精确，因为它剔除了地级市下所辖县的城镇常住人口。故此，最新的"市辖区城镇常住人口"指标是基于国家标准，对城市人口规模最为精确的统计。

本章的研究目的不仅在于获得准确的城市规模分布的特征，还在于探讨城市规模分布特征的动态变化。因此，我们不仅需要保证同一时点上，不同截面单元间城市规模的可比性，还要保证同一截面单元上，不同时点间城市规模的可比性。然而，由于"四普"标准存在估计偏误，因此，要保证数据在不同时点上完全可比是不可能的。不过，周一星和于海波（2004）的研究指出，以建制市街道办事处为基本单元进行统计的城市人口是最为接近城市"实体区域"的指标。这样一来，通过汇总"四普""五普"时的街道办事处人口得到的城市规模，可在最大程度上保证与"六普"城市规模之间的可比性。

本章使用"不含市辖县和郊区公社"的"市人口"作为1982年城市规模的衡量指标，数据来源于《中国1982年人口普查资料》。利用《1990年第四次全国人口普查资料》和《中国乡镇街道人口资料》（"五普"汇总数据），构建了1990年和2000年基于"街道办事处"的城市人口规模变量。同时，利用国家统计局提供的"六普"分县数据，根据2008年实施的"统计上划分城乡的规定"，汇总得到2010年城市规模数据库。最后直接利用2021年《中国城市统计年鉴》中的"市辖区城镇常住人口"指标，度量2020年的地级城市规模。以下是对数据集样本的说明。

1. 样本确定。1982年的样本确定为《中国1982年人口普查资料》中的239个城市。1990年、2000年、2010年、2020年的样本确定为所有地级以上城市，应有的样本量为1990年188个，2000年263个，2010年287个，2020年261个。[①] 之所以选取地级城市作为本章研究的样本，首先，地级及以上城市是中国城市的主体，这一样本具有足够的代表性；其次，很多县级市在1990年和2000年没有报告街道人口数据，所以没有办法将县级市样本包括在内。

2. 样本缺失问题。在《1990年第四次全国人口普查资料》中，广东河源市、云南东川市无街道人口，因此，1990年的实际样本量为186。而在《中国乡镇街道人口资料》中，2000年浙江丽水市、广西贵港市、玉林市、四川眉山市、巴中市、资阳市、云南保山市、宁夏吴忠市无街道人口数据，因此，2000年的样本量由263个下降为255个。表2-2报告了

---

① 2020年《中国城市统计年鉴》应有地级及以上城市样本298个，但"市辖区城镇常住人口"指标有37个城市数据缺失。

2010 年排名第 1、第 10、第 50、第 100、第 200 的城市在 1982 年、1990 年、2000 年、2010 年、2020 年的人口规模。

表 2 - 2 　　　　　　　　部分样本城市规模　　　　　　　　单位：万人

城市	1982 年	1990 年	2000 年	2010 年	2020 年	2010 年位序
上海市	632.1	734.5	788.8	1681.9	2222	1
成都市	140.0	171.4	236.7	551.4	1358	10
大同市	65.5	89.5	99.8	128.8	181	50
宝鸡市	33.9	31.6	42.1	69.7	111	100
怀化市	7.5	—	22.0	35.9	58	200

注：怀化市 1990 年不是地级市，所以数据缺失。

第三节　城市人口增长与城市规模分布

一、中国城市规模分布的特征

中国的城市化政策在 2000 年以前是"中小城市偏向"的。通过设置大量的小规模城市，中国城市规模分布的集中度显著下降。2000 年前后，国家逐渐放弃了"中小城市偏向"的城市化政策，新的政策取向更加强调各种等级规模城市的协调发展。在这种情况下，城市的经济集聚效应得到了更好的发挥，有助于大城市的人口增长，故提出假说认为，中国城市规模分布的集中度在 2000 年前后出现转折，从早期的均衡化发展转向后期的集中化发展。

为了检验这一假说，我们估计了 1982 年、1990 年、2000 年、2010 年、2020 年中国城市规模分布的帕累托指数（见表 2 - 3）。结果显示，1982 年中国城市规模分布的帕累托指数为 0.8131，偏离 1 很远，因此，改革开放初期，中国城市规模分布的集中度较高，大城市的规模优势明显。但 1990 年，帕累托指数上升到 0.9922。这表明，在此期间，城市规模分布的集中度在下降，这一进程在 20 世纪 90 年代期间仍然持续。到 2000 年，中国城市规模分布的帕累托指数进一步上升到 1.0683。至此，本章的研究结果与已有关于中国城市规模分布的研究一致。但是，进一步研究发现，2000 ~ 2010 年，中国城市规模分布的帕累托指数大幅度下降到 0.9646。这表明，2000 年后，中国城市规模分布的集中度在提高。这是已有研究未曾发现的特征。这一趋势在 2010～2020 年仍在持续。研究结果显示，2020 年中国城市规模分布的帕累托指数为 0.9101，显著低于 2010 年的 0.9646。这表明，人口向大城市集聚的进程在近 10 年中仍在持续。

表 2－3   齐夫回归结果

年份	变量	系数	标准差	调整 R^2	样本量
1982	ln$A$	7.0583	0.0662	0.8763	239
	ln$S$	0.8131	0.0200		
1990	ln$A$	7.8394	0.0807	0.9193	186
	ln$S$	0.9922	0.0216		
2000	ln$A$	8.5163	0.0649	0.9393	255
	ln$S$	1.0683	0.0170		
2010	ln$A$	8.6004	0.0563	0.9473	287
	ln$S$	0.9646	0.0135		
2020	ln$A$	8.7364	0.0908	0.8942	261
	ln$S$	0.9101	0.0194		

二、城市人口增长塑造城市规模分布

从改革开放到 20 世纪末，城市规模分布的集中度呈下降趋势。但 2000 年以后，这一趋势开始反转。这恰好与中国的城市化政策在 2000 年前后的调整具有一致性。如果这不被看作是个巧合的话，那么，城市化政策的调整的确提高了中国城市规模分布的集中度。本章认为，调整后的城市化政策更加强调各等级规模城市的协调发展，较之先前的中小城市优先发展的政策，新的政策有助于发挥市场在资源配置上的基础性作用，有利于大城市人口集聚能力的发挥，是中国城市规模分布集中度提高的原因。那么，大规模城市是否表现出了逐渐增强的人口集聚能力呢？

表 2－4 报告了各时间段内不同规模城市的增长速度。我们首先依据《中国城市统计年鉴》的分类标准，将中国城市按照人口规模划分为 5 个等级，分别是小城市、中等城市、大城市、特大城市和超大城市。[①] 然后

① 相应的人口规模分别为 <20 万人，20 万～50 万人，50 万～100 万人，100 万～300 万人，>300 万人。本书关于大城市和特大城市的分类标准来自 1980 年国家建委修订的《城市规划定额指标暂行规定》，该标准一直沿用到 2014 年国务院发布《关于调整城市规模划分标准的通知》为止。超大城市为本书的定义。为跨时可比，本书采用 1980 年的标准，自此以后，全书均采用此标准。

考察不同等级城市的平均规模在 1982～1990 年、1991～2000 年、2001～2010 年、2011～2020 年的环比增长情况。结果显示，大城市、特大城市和超大城市呈现加速增长态势。

表 2－4 不同城市规模增长速度 单位:%

城市规模	$G_{1982-1990}$	$G_{1991-2000}$	$G_{2001-2010}$	$G_{2011-2020}$
小城市	5.5	5.0	8.3	8.5
中等城市	2.5	2.8	6.8	5.5
大城市	1.0	2.7	5.7	4.5
特大城市	0.2	2.8	4.6	4.1
超大城市	0.2	2.4	6.3	5.4

具体地，1982～1990 年，特大和超大城市几乎没有增长，年均增长率只有 0.2 个百分点。大城市的增长率也只有 1 个百分点。1991～2000 年，特大城市和超大城市的增长速度有大幅上升，分别达到 2.8 和 2.4 个百分点。2000 年以后，特大和超大城市的增长速度继续显著提升，特别是超大城市，年均增长率达到 6.3 个百分点。在 2011～2020 年，超大城市的增长率就达到了 5.4 个百分点。尽管最近 10 年特大城市的人口增长速度有所下降，但从整个时间周期来看，2000 年是大城市人口增长速度的拐点，在此之前的 20 年和之后的 20 年有显著差异。

尽管 2011～2020 年大城市人口增长速度小于 2001～2010 年，但这并不说明人口增长不再以大城市为载体。表 2－5 分别按照 2010 年城市规模类别，统计了不同规模城市在 2010～2020 年的绝对增长规模，以及其在样本总规模中所占的比例。结果显示，2010～2020 年，样本城市人口规模共计增长了 14725.1 万人，其中小城市增长 231.7 万人，占比 1.6%，这两项数据在中等城市组别分别是 1735.2 万人和 11.8%，大城市组别为 2698.8 万人和 18.3%，特大城市组别为 3247.0 万人和 22.1%，超大城市组别为 6812.4 万人和 46.3%。特大城市和超大城市以 24% 的城市数量承载了 68% 的城市人口增长，因此，2010 年市辖区城镇常住人口在 100 万人以上的特大和超大城市，在过去 10 年仍然是中国城市人口增长的主要发生地。但是，增长速度上已不及 2000～2010 年，显示了大城市发展的成本效应（如高房价等）正在抑制城市的进一步增长。

表 2－5　　　2010～2020 年不同规模城市人口增长的绝对规模及占比

城市规模	城市数量	绝对增长规模（万人）	绝对增长规模占比（％）
小城市	16	231.7	1.6
中等城市	85	1735.2	11.8
大城市	86	2698.8	18.3
特大城市	45	3247.0	22.1
超大城市	21	6812.4	46.3
总计	253	14725.1	100

三、中国不同规模城市增长特征的政策启示

以 2000 年为界，中国城市在此前后的 40 年间表现出显著不同的增长模式，前 20 年以平衡增长为特征，后 20 年则遵循不平衡增长路径，这对中国城市化政策的制定具有启示意义。

首先，"城市数量增长型"的城市化政策在提升城市化水平上的效果并不理想。1983 年，中国县级市和地级市的数量分别为 141 和 145，到 2000 年，县级市和地级市的数量分别为 400 和 259，① 分别增长了 184 个百分点和 79 个百分点。但同期城镇化率只从 1982 年的 20.55％ 增长到 2000 年的 36.09％（"三普"和"五普"数据），仅 16 个百分点。可见，2000 年以前，人口城市化的推进速度远远落后于城市数量的增长速度。导致这一结果的原因可能在于，新设城市由于规模偏小，导致人口集聚能力不足。另一方面，大城市尽管具有强大的人口集聚能力，但由于 2000 年以前的城市化政策有"中小城市偏向"，导致全国一体化的城乡和区域劳动力市场发育滞后，大城市的人口集聚能力未得到充分发挥。

其次，2000 年后数量增长型的城市化政策被抛弃，新的政策强调大中小城市的协调发展，使得劳动力市场一体化进程加速，跨区域、长距离的城乡迁移大幅增长，大城市成为中国城市化进程加速推进的发动机。2000 年后，中国城市数量的增长开始停滞。其中，县级市的数量由 2000 年的 400 个下降到 2010 年的 370 个，到 2020 年反转上升到 388 个，但仍低于 2000 年的水平。地级市及以上城市的数量仅由 2000 年的 259 个增长到 2020 年的 297 个，增长率不足 10 个百分点。但同期城镇化率却由 36.22％ 增长到 63.89％，② 超过 25 个百分点，是改革开放以来城市化速

---

①　数据来源于 1984 年和 2001 年的《中华人民共和国行政区划简册》。
②　参见 2021 年《中国统计年鉴》表 2－1 的数据。

度最快的时期。前后比较可以发现，城市数量的增长并不必然带来城市化水平的提高，反过来，城市化水平的提高也未必依赖于城市数量的增长。

2020 年，中国的人口城镇化率刚刚超过 60%，欧美发达国家的城市化率基本上都超过 80%，可推断中国的城市化进程并未结束。根据保罗·贝洛克（1991）研究发现的世界各国城市化的一般规律，在未来一段时间内，大城市仍然是城市人口增长的主体。在此期间，降低超大城市的发展成本，进一步发挥其人口集聚功能仍是加快推进城市化进程的关键。

第四节　本章小结

本章基于 2000 年中国城市化政策调整的重要背景，在详细讨论城市人口规模的度量方法的基础上，借助中国城市规模分布的特征在城市化政策调整前后的动态演进，揭示了大城市在促进中国城市增长上的贡献。结果显示，城市化政策调整后，中国城市规模分布的集中度显著提升了，而导致这一现象的直接原因则是大规模城市在近 20 年的快速增长，深层原因则是 2000 年后全国一体化的区域和城乡劳动力市场的完善。"中小城市偏向型"的城市化政策导致了"扁平化"的城市体系，制约着中国城市化的推进速度和经济增长效率的提升。本章的研究发现，由于调整后的城市化政策不再是"中小城市偏向"，而是强调大中小城市协调发展，劳动力市场的一体化使得大城市的经济集聚能力得到了比较充分的发挥，中国城市规模分布的特征正从 2000 年前的分散化发展，转向近 20 年的集中化发展，这对"扁平化"的城市体系进行了校正。鉴于中国目前的常住人口城镇化率刚超过 60%，户籍人口城镇化率也只有 50% 左右，因此，以大城市作为城市人口增长的载体仍是更具效率的选择。

第三章 大市场与中国城市人口增长

城市人口增长还会发生在大市场地区。大市场里的企业因接近上下游市场、节约运输成本而具有更高的效率，从而吸引要素集聚。与第二章大城市视角的分析相比，大市场视角的研究稍显复杂，因为大城市，甚至城市群都嵌套于大市场之内。从经济地理上看，中国的大市场主要位于沿海地区，特别是东南沿海地区，这有两个方面的原因。首先，东南沿海位于"胡焕庸线"之下，这里经济发达，人口稠密；其次，这里是改革开放的前沿，更加接近世界市场。本章的论点是，城市人口增长受大市场的集聚能力推动。为了论证这一观点，本章从城市人口空间分布特征、城市化政策调整以及跨省迁移人口三个角度展开论证。

第一节 城市化政策调整与市场潜能发挥

一个国家的城市体系中包含着或多或少，或大或小的城市，不同城市的相对增长速度直接影响着城市体系的演进方向，并由此决定着一个国家城市化的发展模式和经济增长的效率。在全球范围内，不同国家促进城市增长的动力机制存在着巨大的差异。一些学者认为，影响一国城市增长的主要是诸如马歇尔外部性、雅各布斯外部性、市场潜能等经济因素（Henderson，1974；Glaeser et al.，1992；Eaton and Eckstein，1997；Black and Henderson，2003）。在这种条件下，市场机制引致了要素回报的地区差异，并导致人口或劳动力的跨地区流动，这是主导城市体系演进最基本的动力。但是，在很多由计划经济向市场经济转型的国家，计划经济时代遗留的一些政府干预政策（比如说优先支持特定城市的发展）在塑造城市体系中的作用显得更为重要（Henderson，2009；Henderson and Becker，2000；Fan，1999；MacKellar and Vining，1995）。

改革开放后，中国的城市化加速推进，但阶段性特征明显。1978年，中国的城镇化率大约在 21% 的水平。到 2000 年，城镇化率仅增长到 36.09%，年均不足 1 个百分点。但是到 2020 年，常住人口城镇化率达到了 63.89%，人口城镇化进程明显提速。城市化速度与城市人口增长的空间特征密切相关。在城市化的起步阶段，需要利用城市集聚经济效应提高效率，因此，只有一种相对集中化的城市人口空间分布才能更快地推进城市化。

一些研究发现，尽管中国的城市化水平有了显著提高，但城市规模分布呈现出"扁平化"特征（Song and Zhang，2002；Anderson and Ge，2005；陈良文等，2007），这对经济增长效率产生了负面影响（王小鲁和夏小林，1999；Au and Henderson，2006；王小鲁，2010）。而关于扁平化城市体系的成因，范（Fan，1999）、张和兰（Chung and Lam，2004）认为是"县改市"政策导致的"制造城市"运动。亨德森（Henderson，2009）则认为，深层次的原因是户籍制度约束下，"迁移本地化"引致的"分散城市化"。这类研究在学术界达成了一个基本共识，即由政府主导的城市化进程使得中国城市的发展浪费了规模经济效应。

不过中央政府于 2000 年对中国的城市化政策作出了重要调整。在 20 世纪 90 年代初，《城市规划法》明确规定"我国实施严格控制大城市规模、合理发展中等城市和小城市的方针"，这为政府直接干预城市化进程提供了法律保障。到了 2002 年，党的十六大报告强调要"坚持大中小城市和小城镇协调发展"，中国的城市化政策首次出现了调整。2008 年，《中华人民共和国城乡规划法》开始实施，相比于 90 年代初开始实施的《城市规划法》，通过"抑制大城市发展来促进中小城市发展"的政策取向已难觅踪迹。随着这种城市化政策的转变，主导中国城市体系演进的基础动力也从政府转向市场。

主导城市人口增长的市场力量除了第二章集中考察的城市规模外，还包括了市场潜能的作用。市场潜能指的是一个地区的市场需求规模，它使用按距离的倒数加权的其他地区的 GDP 度量。因此，一个地区越是接近更大的市场需求，该地区的市场潜能越大。位于密集市场需求中心的企业，产品的生产和销售过程因接近上下游市场而能够有效节约运输成本，从而使得企业有能力给生产要素支付一个更高的报酬，这吸引了人口等生产要素向大市场地区集聚。一般来说，大市场地区更容易诞生大规模城市。但是，如果国家的城市化政策一直是控制大城市的发展，那么大市场集聚经济的作用也就难以发挥。随着中小市偏向的城市化政策在 2000 年后被抛弃，大市场提供的市场潜能在促进城市人口增长，塑造中国城市化空间形态中的作用终得以发挥。

基于上述制度背景与理论基础，本章提出如下假说：随着中国城市化政策的明显转折，城市人口的增长更多地受市场潜能等市场力量的影响。一个初步的证据是，中国的大城市、都市圈和重要城市群都主要诞生于沿海地区的珠三角地区、长三角地区、京津冀地区，这与新经济地理学的理论预测是一致的。但是，特大中心城市、都市圈、城市群的出现集中在 2000 年以后，这又与城市化政策的调整保持一致。为了检验这一假说，本章从"撤县设市"到"县市改区"的城市化政策调整切入，并构建了一个跨越省级行政区的迁移人口占比的变量，根据该变量的取值大小来判断大市场所激发的经济集聚能力的大小。研究发现，城市化政策的调整终止了"撤县设市"的进程，但"县市改区"的政策持续推进。跨省迁移人口是大市场集聚经济的重要体现，是推动中国沿海城市群形成的重要力量。

第二节　大市场集聚经济与城市人口增长

一、中国大城市空间分布特征的演进

第二章研究发现，大城市愈发成为中国城市化的主要载体。但是，从大市场集聚经济的视角看，中国大城市的分布应该会表现出特定的空间特征，这一特征是什么？经历了什么样的动态演进？通过对 1984 年和 2020 年中国大城市空间分布特征的刻画和比较，本书研究发现：在改革开放初期，中国大城市的空间分布相对均衡，在长三角地区和珠三角地区，特大城市和超大城市的数量并不占优势，甚至低于全国的平均水平。但到 2020 年，长三角地区和珠三角地区特大城市和超大城市的诞生率显著高于全国平均水平，这显示沿海城市群提供的大市场集聚经济是催生特大城市和超大城市，推动中国城市人口增长的重要力量。

《中国城市统计年鉴》的数据最早可追溯到 1985 年，本章利用 1985 年《中国城市统计年鉴》的数据，整理了 1984 年全国 295 个城市的人口规模，借助此项数据，表 3 - 1 统计了大城市（人口规模 50 万 ~ 100 万人），特大城市（100 万 ~ 300 万人）和超大城市（300 万人以上）的城市数量，结果显示，1984 年全国大城市、特大城市和超大城市的数量分别是 30 个、15 个和 5 个，特大城市和超大城市的生成率为 6.8%。尽管东南沿海在经济发展水平上一直有区位优势，但是在长三角地区和珠三角地

区，特大城市和超大城市的生成率却低于全国平均水平。与此形成鲜明对比的是，京津冀地区特大城市和超大城市的生成率显著高于长三角地区和珠三角地区，也高于全国平均水平。改革开放伊始，中国的市场化改革刚刚起步，而且是从商品市场开始，劳动力市场化改革滞后。表3-1的统计结果显示，如果资源不是按市场化的方式配置，即便在市场潜能更大的地区，也难以诞生规模很大的城市。

表3-1 　　　　　　　　1984年中国大城市的空间分布

城市类型	全国	长三角地区	珠三角地区	京津冀地区
大城市（个）	30	6	0	4
特大城市（个）	15	1	1	1
超大城市（个）	5	1	0	2
合计（个）	295	38	16	24
特大城市和超大城市生成率（%）	6.8	5.3	6.3	12.5

相比于1984年，2020年大城市的空间分布发生了显著变化（见表3-2）。2021年《中国城市统计年鉴》数据显示，2020年全国地级以上城市中，市辖区城镇常住人口在100万人口以上的特大城市和超大城市共有114个，占全样本（261个）的43.7%。这就是说，每100个城市中会诞生43.7个特大城市和超大城市。但是，在经济最为发达的长三角地区和珠三角地区，特大城市和超大城市的生成率均接近70%，显著高于全国平均水平，这与改革开放伊始的1984年情况形成了鲜明对比。京津冀地区的大城市生成率也高于全国平均水平，但与改革初期情况不同的是，这一指标已落后于长三角地区和珠三角地区。这一显著变化的原因何在？

表3-2 　　　　　　　　2020年中国大城市的空间分布

城市类型	全国	长三角地区	珠三角地区	京津冀地区
大城市（个）	88	7	4	8
特大城市（个）	83	17	9	8
超大城市（个）	31	7	3	4
合计（个）	261	35	18	23
特大城市和超大城市生成率（%）	43.7	68.6	66.7	52.2

二、基于"撤县设市"和"县市改区"政策的分析

如第二章所述，中国的城市化政策在2000年前后经历了转折。2000

年之前强调"中小城市优先发展，严格限制大城市规模"，2000 年之后强调"大中小城市协调发展"。这一城市化政策使得 2000 年前的城市增长主要表现在城市总体数量上，2000 年之后的城市增长主要表现在单个城市的规模上。城市化政策的调整使得大市场地区的大城市获得了进一步增长的"合法性"，为沿海地区城市群、都市圈的兴起奠定了制度基础。

2000 年之前，中央试图通过设置大量的中小城市，借助城市数量的增长来推动中国的人口城市化。具体表现为大量县级市和地级市的设置，特别是大量小规模的县级市数量的增长最为引人注目。表 3-3 统计结果显示，自 1983 年设立城市行政级别以来，国家通过撤县设市的方式，使得县级市的数量从 143 个增长到 2000 年的 400 个；同时通过"地区改市"的方式使得地级城市的数量从 143 个增长到 259 个。但是，同期中国的城镇化率只从 1982 年的 20.55% 缓慢增长到 2000 年的 36.09%，年均不足 1 个百分点。余吉祥和沈坤荣（2015）的研究发现，"地区改市"的政策仅在 20 世纪 80 年代有显著效果，90 年代实施的"地区改市"政策并未促进城市人口规模的增长，这从另一个侧面显示了数量增长型城市化政策总体效果不佳。

表 3-3 　　　　　改革开放 40 多年来中国城市数量的增长 　　　　　单位：个

年份	地级市	地（州盟）	县	县级市	市辖区	市辖区/地级市
1983	143	178	2072	143	619	4.3
1990	185	151	1898	279	697	3.8
2000	259	74	1671	400	800	3.1
2010	283	50	1630	370	862	3.0
2020	293	40	1472	388	972	3.3

注：根据相应年份的行政区划代码统计，行政区划代码数据来源于民政部网站，市辖区的数量不含郊区和矿区。

资料来源：https：//www. mca. gov. cn/article/sj/xzqh/1980/.

从改革开放到 20 世纪末的一段时间内，由数量增长型政策主导的城市化是形式大于内容的，城市数量的增长并未带来城市人口的同比例增长，这直接导致了中国城市体系朝着扁平化的方向演进。不过在 2000 年后，中国城市数量的增长开始停滞。其中，县级市的数量由最高峰的 400 反转下降，县的数量也进一步下降。与县级市数量反转向下的趋势不同的是，市辖区数量仍然保持着 2000 年前的快速扩张趋势，由 2000 年的 800 个增长到 2020 年的 972 个，特别是在 2010~2020 年，市辖区数量增长了 110 个，为改革开放 40 多年来最高。这是"县市改区"政策的直接结果。

与"撤县设市"政策显著不同的是,"县市改区"政策强调既有城市规模的扩张,遵循的是规模化的发展思路,这为沿海大城市规模的进一步增长提供了"合法性"。从效果上看,中国的城镇化在 2000 年后也呈加速发展态势。2000 年,中国城镇化率为 36.09%,到 2020 年已增长到 63.89%,年均增长 1.4 个百分点,显著高于 2000 年前年均 1% 的增长率。前后比较可以发现,城市数量的增长并不必然带来城市化水平的提高,反过来,城市化水平的提高也无需城市数量的增长。通过减少现有县级城市和县的数量,将其并入一个已有更大规模的城市,使其成为已有城市的市辖区,反而更为有效。唐为和王媛(2015)指出了其中的机制:"撤县设区"引致了区域市场整合,激发了城市集聚经济。

进一步考察"撤县设市"和"市县改区"政策的空间异质性。当强调大市场集聚经济在促进城市人口增长中的作用时,需要聚焦县级市数量和城市辖区数量在长三角、珠三角和京津冀三大城市群中的演进趋势。表 3 - 4 统计的是长三角(苏浙沪)地区城市数量和城市辖区数量的演进情况。与全国的趋势一致,县级市的数量在 2000 年达到顶峰的 52 个,2000 年后反转向下。市辖区的数量延续了 2000 年前的趋势,在 2000 年后继续上升。由于长三角地区的城市化水平起点较高,所以在 2010 年后市辖区的数量没有全国增长的那么多。不同的是,长三角地区每个地级城市的辖区数量高于全国平均水平。且 1990 年以来一直处于增长趋势,但从全国来看,地级市辖区的增长只是近 10 年才发生的事。这表明,在市场规模更大的地区,有更高的城市规模需求。

表 3 - 4　　　　改革开放 40 多年来长三角地区城市数量的增长　　　　单位: 个

年份	地级市	地州盟	县	县级市	市辖区	市辖区/地级市
1983	17	4	138	5	62	3.6
1990	20	2	109	31	66	3.3
2000	24	0	71	52	91	3.8
2010	24	0	61	48	104	4.3
2020	24	0	52	41	108	4.5

珠三角地区的演进趋势与长三角地区完全一致。表 3 - 5 统计结果显示,县级市的数量在 2000 年前后达到了顶峰的 31 个,然后开始出现下降趋势。但市辖区的数量在 2000 年后仍然维持着前期的快速上升趋势。平均来说,珠三角地区每个地级城市所辖区的数量自 1983 年以来一直保持上升,这与长三角地区的态势更为吻合。不同的是,在珠三角地区,城市

辖区的增长在2000年后速度更快，平均来说，每个城市在10年内会增长0.5个辖区。表3-6统计的是京津冀地区城市数量增长的结果，与长三角地区和珠三角地区相比有三点显著不同：一是县级市的数量在2000年后基本没有下降；二是在2000年前，市辖区数量基本没有变化；三是每个地级市平均所辖区的数量较高，2010~2020年，平均每个城市增长2个辖区，远高于珠三角地区和长三角地区。

表3-5　　　　　　1983~2020年珠三角地区城市数量的增长　　　　　单位：个

年份	地级市	地州盟	县	县级市	市辖区	市辖区/地级市
1983	9	5	94	6	15	1.7
1990	18	0	76	1	36	2.0
2000	21	0	46	31	45	2.1
2010	21	0	44	23	54	2.6
2020	21	0	37	20	65	3.1

表3-6　　　　　　1983~2020年京津冀地区城市数量的增长　　　　　单位：个

年份	地级市	地州盟	县	县级市	市辖区	市辖区/地级市
1983	9	9	151	3	57	6.3
1990	10	8	139	13	55	5.5
2000	11	0	124	23	58	5.3
2010	11	0	119	22	60	5.5
2020	11	0	97	21	78	7.1

上述统计结果表明，尽管早期的城市化政策追求城市数量的增长，但在市场规模更大的长三角地区和珠三角地区，城市更早地走上了以城市辖区数量扩张的规模增长路径，显示了大市场集聚经济在推动城市人口增长中的作用。更为重要的是，这种以城市辖区为表征的既有城市规模的扩张在近10年里有了更快速的发展，特别是在珠三角地区和京津冀地区。

三、跨省迁移视角的分析

当政府设置了过多的中小城市后，有更多的经济资源流向这些城市（Li，2008）。在这种情况下，城市体系中的原有城市所能获得的资源将会减少，从而抑制了其他较大规模城市的发展。1997年后，中央政府停止了"县改市"的审批。2000年后，中国的城市化政策强调大中小城市的协调发展。这种城市化政策的调整减轻了政府对城市化进程的干预，为利用市场机制促进中国城市体系演进提供了条件。随着中国城市人口增长的动力也从"政策主导"向"市场引导"转变,大市场集聚经济在促进城市人口增长中的作用终得以发挥。除了使用市场辖区数量来度量城市规模的增长外,本小节进一步使用跨省迁移人口来度量城市规模的增长,并考察这一增长的空间异质性,以显示沿海大市场在塑造中国城市化进程中的作用。

跨省迁移人口的规模之所以能够作为大市场经济集聚能力的度量指标,进而对不同区域城市的经济集聚能力进行比较,是因为长距离的跨省迁移成本更高。只有一个地区具备强大的人口集聚能力,为迁移人口提供更高的工资、更好的城市生活,才能吸引更多的跨省迁移人口迁入。哪些地区才具备强大的人口集聚能力?从集聚经济的视角来看,大城市和大市场都能够提供更高的工资,为吸引跨省迁移人口提供激励。但实践中大城市往往嵌套于大市场,大市场地区更容易诞生大城市。因此,大市场是比大城市更引致跨省迁移基础的机制。为此,本章的分析从三个角度展开:一是从地区层面,主要考察内地和沿海因市场规模不同而具备不同的经济集聚力;二是从城市群层面,考察长三角和珠三角城市群所提供的经济集聚力;三是从中心城市层面,考察不同规模的城市的经济集聚力。

(一) 地区层面的分析

利用第四次、第五次、第六次、第七次全国人口普查数据,表 3 – 7 统计描述了中国人口向东部地区的集聚过程。[①] 人口普查的汇总数据显示,跨省迁移的规模持续增长。1990 年、2000 年、2010 年、2020 年跨省迁移的规模分别为 1107 万人、4242 万人、8588 万人和 12484 万人,不考虑东部地区内部的跨省迁移人口,人口从中西部地区向东部地区集聚仍是中国跨省迁移最显著的特征。1990 年有 399 万人跨省迁移流入了东部地区,只占全部跨省迁移人口的 36%。但到 2000 年,这一规模增长到 2784 万人,在全部跨省迁移人口中的比例也大幅度上升到 66%。至此,内地作为主要跨省迁出地,沿海作为主要跨省迁入地的跨省迁移格局得以确立。到 2010 年,内地流入沿海的人口规模进一步上升到 5770 万人,在全部跨省迁移人口中所占比例为 67%。到 2020 年,共有 7750 万人跨省迁入东部地区,占全部跨省迁移人口的 62%。

---

① 东部地区包括北京、天津、山东、江苏、上海、浙江、福建、广东 8 省市,中部地区包括山西、河南、湖北、湖南、安徽、江西,东北三省不作单独考察,并入中部地区,其余为西部地区。

表 3 - 7　　　　　　　按来源分的东部地区吸引的跨省迁移规模及比例

年份	中部地区（万人）	西部地区（万人）	中西部地区合计（万人）	中西部合计比例（%）
1990	205	194	399	36
2000	1740	1044	2784	66
2010	3669	2101	5770	67
2020	4396	3354	7750	62

资料来源：1990 年、2000 年、2010 年、2020 年跨省迁移人口数据分别来源于《1990 年第四次人口普查资料汇编》、第五次全国人口普查分县（市）统计资料、"第六次全国人口普查地级城市人口规模数据库"、《中国人口普查年鉴 2020》。

（二）城市群层面的分析

以北京为中心的京津冀地区、以上海为中心的长三角地区、以广州深圳为中心的珠三角地区，是中国经济集聚力的主要来源地。[①] 但统计结果显示，不同地区集聚人口的能力有所不同。如表 3 - 8 所示，将地区内部跨省迁移的人口考虑在内，1990 年流入三大城市群的相对规模占比为 41%。1990～2000 年，珠三角地区表现最为突出，跨省迁移人口占全国跨省迁移人口的比例从 11% 上升到 36%。三大城市群共接纳跨省迁移人口 2855 万人，占比 67%。由此奠定了三大城市群作为中国跨省迁移人口最主要的集聚地的地位。1990 年长三角地区在吸纳跨省迁移人口方面也表现较好，占比 22%。而到了 2000～2010 年，长三角地区的表现好于珠三角地区，最为突出。2010 年吸纳了 33% 的跨省迁移人口，2020 年占比有所下降，但仍然吸纳了 30% 的跨省迁移人口，仍为三大城市群之首。在整个时间区间内，京津冀地区的表现尽管相对不出色，但也吸纳了超过 10% 的全国跨省迁移人口。

表 3 - 8　　　　　　　　　三大城市群跨省迁移人口

年份	京津冀地区		长三角地区		珠三角地区		合计	
	绝对规模（万人）	相对规模（%）	绝对规模（万人）	相对规模（%）	绝对规模（万人）	相对规模（%）	绝对规模（万人）	相对规模（%）
1990	144	13	179	16	126	11	449	41
2000	413	10	936	22	1507	36	2855	67
2010	1144	13	2818	33	2150	25	6112	71
2020	1511	12	3697	30	2962	24	8170	65

资料来源：1990 年、2000 年、2010 年、2020 年跨省迁移人口数据分别来源于《1990 年第四次人口普查资料汇编》、第五次全国人口普查分县（市）统计资料、"第六次全国人口普查地级城市人口规模数据库"、《中国人口普查年鉴 2020》。

――――――――――

① 环渤海地区包括京津冀三省市，长三角地区包括苏浙沪三省市，珠三角地区为广东省。

综上，中国人口向沿海大市场地区的集聚是一个动态的过程。在 20 世纪 90 年代初期，跨省迁移人口并不是主要流入沿海地区的。但到 2000 年，沿海地区已经确立了其作为主要人口集聚地的地位。2000 ~ 2010 年，沿海地区作为主要人口迁入地的地位进一步强化。到 2020 年，沿海地区仍然吸纳了全国近 2/3 的跨省迁移人口。在沿海地区内部，京津冀地区集聚人口的能力在 1990 ~ 2000 年基本持平，长三角地区则经历了持续的上升，而珠三角地区则经历了先升后降的过程。跨省迁移人口的相对规模反映的是经济集聚能力的大小，由此显示出东部沿海地区逐渐成为了人口集聚的中心。在东部地区内部，长三角地区和珠三角地区的经济集聚能力强大，且长三角地区显示了持续增强的经济集聚能力。

（三）中心城市层面的分析

经济集聚能力在宏观上来自主要的经济带，在中观上来自城市群，微观上来自中心城市。因此，沿海地区城市群的中心城市是经济集聚的重要源泉。表 3 - 9 借助对内地、沿海与重要城市群的比较，[1] 统计结果显示，沿海城市规模显著高于内地城市，[2] 而珠三角城市群、长三角城市群、京津冀城市群的规模又显著高于沿海城市的规模。[3] 这表明，中国的大市场主要位于主要沿海地区，但更准确地说，是位于以北京、上海、广州深圳为中心的城市群。

表 3 - 9 　　　　　2010 年不同区域城市规模及城市跨省迁移规模

城市区位	城市平均人口规模（万人）	城市跨省迁移人口规模（万人）	城市跨省迁移人口规模占比（%）
内地城市	72	4	6
沿海城市	176	41	24
珠三角地区	219	81	37
长三角地区	204	53	26
京津冀地区	245	53	22

资料来源：2010 年中国地级及以上城市人口规模数据库，由国务院"六普"办公室提供。

———————————

[1] 该数据由国务院"六普"办公室提供。由于无法获得 2020 年、2000 年和 1990 年中心城市的跨省迁移人口数据，因此，此处的分析仅就 2010 年展开。

[2] 沿海城市包括京、津、冀、辽、沪、苏、浙、闽、粤 9 个省份的 100 个城市，其余省份的 187 个城市为内地城市。

[3] 由于无法得到 2020 年各个城市的跨省迁移人口数据，此处使用的是 2010 年人口普查数据的统计结果。从表 3 - 7 的统计结果来看，在相对规模上，2010 ~ 2020 年并无显著差异。因此，使用 2010 年的数据进行统计，结论可类推到 2020 年。

跨越省级行政区的迁移面临高昂的迁移成本。这样一来,沿海地区的大城市及以其为中心的城市群还是吸引了大量的跨省迁移人口,这就只能从迁移的收益上来解释。本章认为,正是沿海大市场提供的巨大的经济集聚收益抵消了其迁移成本,才使得长距离的跨省迁移得以发生。跨省迁移人口占比反映的正是沿海大市场地区超强的经济集聚力。

通过查看沿海地区不同规模城市中跨省迁移人口的比例,还可以发现沿海地区的城市规模与经济集聚能力之间的关系。数据统计结果如表 3 – 10 所示,超大城市中跨省迁移人口占城市总人口比例可以达到 25%,但在特大城市中,这一比例便下降为 14%。而 50 万 ~100 万人口的大城市中,这一比例进一步下降到 4%。一个非常有意思的规律是:城市级别每下降一个等级,城市所吸纳的跨省迁移人口比例下降 10 个百分点。

表 3 – 10 还显示了一个有意思的现象:在大城市(50 万 ~100 万人),中小城市(20 万 ~50 万人)和小城市(20 万人以下)中,城市跨省迁移人口的规模稳定在 4% ~5%。可见,在此范围之内,城市规模的增长对提升人口集聚能力并无多大益处。但是,一旦当城市规模超过 100 万人时,跨省迁移人口占比便跳跃性上升。100 万 ~300 万人的特大城市跨省迁移人口便能占到 14%,300 万人以上的超大城市跨省迁移人口占比更是达到了 25%。这意味着,走一条以大城市为主要载体的城市化道路,会有效提高城市的人口集聚能力,加快推动中国的城市化进程。

表 3 – 10　　　　**2010 年不同规模城市人口集聚能力的比较**

城市类型	平均规模(万人)	跨省迁移规模(万人)	跨省迁移占比(%)
超大城市(300 万人以上)	642	160	25
特大城市(100 万 ~300 万人)	172	24	14
大城市(50 万 ~100 万人)	68	3	4
中小城市(20 万 ~50 万人)	34	1	4
小城市(20 力人以卜)	14	0.7	5

资料来源:2010 年中国地级及以上城市人口规模数据库,由国务院"六普"办公室提供。

第三节　中国城市人口增长趋势预测

城市化是世界各国实现工业化、现代化过程中的必然选择,是人类社会发展客观规律的反映,城市体系伴随着城市化进程而发生变化,必然服从于城市化发展的内在规律。从世界各国的城市化进程来看，城市化的发展是分阶段的。美国城市地理学家诺瑟姆在考察和总结欧美国家城市化的基础上，将城市化的轨迹描述为一条稍微拉平的S形曲线，认为城市化具有阶段性特征，其进程大致划分为缓慢发展的初期（城市化率在10%~30%）、快速发展的中期（城市化率在30%~70%）与稳定发展的后期（城市化率超过70%）（吴志强和李德华，2010）。

与城市化发展的阶段性规律相适应，城市体系的演进在城市化的不同阶段也有着不同的特点。在城市化的初中期，集聚经济对现代工业发展至关重要，人口和其他生产要素便不断向城市集中，推动城市规模不断扩大。在这一阶段，大市场和大城市因其强大的经济集聚能力，使得沿海地区和大城市的人口增长明显快于内地和中小城市，整个城市体系趋向于非均衡发展。[1] 但随着城市规模扩张，集聚不经济逐步增强（主要表现为交通拥堵、环境污染等），这又降低大城市的吸引力。因此，在整个城市化进程中，大城市的增长速度在最初呈递增趋势，达到一定程度后，又呈递减趋势。

保罗·贝洛克（1991）在总结了1800~1980年发达国家城市体系的演进过程后发现，在城市化发展的初期与中期阶段，不论是城市数量还是人口规模，大城市（100万人以上）发展速度都远远超过中小城市。这一统计结果表明，世界城市人口增长的一般规律是：在城市化发展的早期和中期阶段，城市人口增长主要发生在大市场和大城市，特别是大市场中的大城市。其背后的经济规律当然还是规模经济。这既包括了大城市里更好的"分享""匹配""学习"效应，还包括了大市场地区更好的"运输成本节约"效应。

保罗·贝洛克（1991）进一步揭示，1950年以后，西方发达国家基本上都陆续进入城市化的后期阶段。在这段时间内，100万人口以上大城市的数量增长了112%，但人口规模却出现了负增长，从而显示出城市化后期阶段的集聚成本。与此同时，100万人口以下的小城市的数量增长了82%，但人口规模却增长了92%。因此，在此期间城市体系日益均衡化。

中国自改革开放以来，城市化政策经历了2000年前后的重要调整。直到20世纪末，倡导中小城市和小城镇优先发展的政策才淡出历史舞台。

---

[1] 胡兆量（1986）将之总结为"大城市超前发展规律"，认为其不是个别的偶然的现象，而是具有普遍性和客观性。

早先的政策在一定程度解决了农村剩余劳动力的本地就业问题，但这种人为的干预也扭曲了城市化本该有的进程，使得中小城市发展得到了优先支持，背离了城市体系演进的一般规律。进入 21 世纪后，中国的城市化政策进行了调整，随着城市增长愈发受到市场机制的引导，中国的城市人口增长走上了一条适度集中的城市化道路。"七普"数据显示，我国常住人口城镇化率为 63.89%，但户籍人口城镇化仍然只有 43%。这显示我国的城市化进程仍然处在中期阶段，未来一段时间内人口向大市场和大城市集聚的趋势仍将持续。

第四节　本章小结

大市场地区具有集聚经济的潜在优势。当政策取向适合，这一潜在优势便会向现实优势转化。在"严格限制大城市，优先发展中小城市"的政策取向下，大市场地区仅具备经济集聚的潜在优势。2000 年以前，"优先发展中小城市"的主要政策工具是"撤县设市"，这导致了经济资源分散于大量中小城市。第二章研究表明，这一城市化政策的效果其实不佳。随着"撤县设市"政策于 1997 年被中央政府冻结，"县市改区"政策成为了推进中国城市化的主要着力点。与"撤县设市"政策相比，"县市改区"政策着眼于放松大城市的发展限制。随着城市化政策取向的改变，大市场的经济集聚能力终得以发挥，人口向沿海地区集聚。

利用 2010 年和 2020 年的第六次和第七次全国人口普查数据，并结合 1990 年和 2000 年的"四普""五普"数据资料，本章从大市场集聚经济的视角探讨了改革开放 40 多年来中国城市发展轨迹。无论基于城市数量增长的分析，还是基于人口规模增长的分析，结果均一致显示，沿海大市场地区的经济集聚潜能在 2000 年后得到了充分发挥。主要的表现是，2000 年后，沿海大市场地区诞生了大量的大规模城市，并以超大城市和特大城市为中心，形成了数量众多的城市群和都市圈。结合世界城市化进程的一般规律以及我国当前的城市化水平，预测在未来一段时间内，大规模的人口集聚仍主要发生在沿海大市场地区。

第四章　中国城市人口增长的微观机制

关于城市人口增长的微观机制，二元经济理论给予了初始解释（Lewis，1954；Fei and Ranis，1964；Todaro，1969；Harris and Todaro，1970），但二元经济理论没有解释城市人口增长的空间分布问题。现实中的城市人口增长并非均衡地在不同的城市和地区之间分布，而是表现出显著的集聚趋势，这可以使用新近发展起来的城市经济学和新经济地理学理论解释。本章从大城市的"技术外部性"和大市场的"金融外部性"的视角来解释中国城市人口增长的微观机制。大城市的"技术外部性"定义为城市规模对要素"分享""匹配""学习"效应的正向影响（Duranton and Puga，2001），大市场的"金融外部性"定义为大市场通过运输成本节约效应导致的生产效率提升（Fujita et al.，1999）。两类外部性提高了要素报酬，是吸引人口空间集聚的基础动力。但是，两类外部性又有显著差异：大城市技术外部性强调的是同等投入时的更高产出，而大市场金融外部性强调的是同等产出时的更低投入。对处于快速城市化进程中的中国来说，城市人口增长主要体现为农村向城市的人口流动。因此，解析城市人口增长的经济机制，重点在农村人口流动。

第一节　有界城市、无界市场与中国的农村移民

一、中国农村劳动力迁移的"有界城市"和"无界市场"特征

城市化伴随着生产要素的空间集聚，并显示出两个特征：一是城市人口规模越大，要素集聚能力越强（陆铭等，2012；杨曦，2017）；二是地区市场规模越大，要素集聚能力越强（Fujita et al.，1999）。这种特征在中国的劳动力市场上有鲜明体现：一方面，城市规模越大，流动人口越多（夏怡然等，2015）；另一方面，本书第三章研究结果显示，市场潜能越大，流动人

口越多。隐藏于这一特征背后的经济学机制是：大城市提供的技术外部性和大市场提供的金融（或者称为"货币"）外部性，为劳动力提供了更高的报酬。前者指劳动力在一个规模更大的城市里能够更好地"学习""分享""匹配"（Duranton and Puga，2001；陆铭等，2011），强调的是同等投入时，因城市集聚经济外部性所能获得的额外好处。后者则是基于新经济地理学的逻辑：大市场有利于规模化生产，节约运输成本，从而使得企业有能力为劳动力支付一个更高的工资报酬（Krugman，1991；Fujita et al.，1999），强调的是同等产出时大市场地区的企业可享有成本节约效应。

然而城市"有界"，而市场"无界"。"有界城市"指的是劳动力在分享城市集聚经济收益的过程中，通常会面临来自城市"原住民"进而城市地方政府的阻力。尽管移民能够给本地居住的收入带来溢出效应（沈坤荣和余吉祥，2011），但伴随着移民引致的城市规模扩张，本地居民所能获得的公共物品的质量和数量会受到外来竞争影响，这既表现为交通拥堵、环境污染，也表现为教育、医疗、住房等领域受到的竞争冲击。特别是在中国地方政府缺乏民生性公共品供给激励的情况下，后一种情况变得更为严峻。因此，本章的"有界城市"并非指城市的地理边界，而是指城市的制度边界。也正因如此，有学者认为中国的户籍制度改革没有实质进展，中国城乡和区域劳动力市场的一体化进程仍有待继续推进（孙文凯，2017）。

相比于"有界"的城市，中国地区间的"市场边界"变得越来越模糊。由地方政府竞争导致的地区间市场分割曾是中国市场一体化进程的重大障碍（Poncet，2003）。但需要承认的是，随着1994年"财政承包制"的瓦解，地区市场分割的激励不再像之前那样强烈。特别是在商品市场上，中国的市场一体化进程有了显著的改善。市场的一体化使得在拥有更高市场潜能的地区，个体的工资报酬更高（Hering and Poncet，2013），这是吸引中国农村劳动力向东部沿海地区集聚的重要力量。究其原因，不仅是因为中国的东南沿海更加接近世界市场，还因为这里位于"胡焕庸线"的东南面，有着更高的人口密度。与"有界"的城市不同，大市场以中心城市为核心的城市群为载体，大量中小规模城市的存在使得移民进入时，施加给本地居民的负外部性可以更少。这使得移民在进入大市场地区时，拥有更为优越的发展环境。

基于这一现实背景，本章提出中国城市化进程中农村劳动力流动的"有界城市"和"无界市场"假说，认为农村劳动力在分享大城市提供的"技术外部性"的同时，更有可能去追逐大市场提供的"金融外部性"，从而为第二章和第三章勾勒出的中国城市人口增长的特征提供了解释。

二、外部性类型与劳动力迁移机制

集聚是世界经济地理的重要特征（世界银行，2009）。1890 年马歇尔提出的外部经济最早论述了集聚经济的来源：投入品的共享、劳动力市场共享，以及知识溢出。美国经济学家维纳（Viner）于 1931 年将外部性分为金融外部性（货币外部性或资金外部性）和技术外部性。通常情况下，金融外部性和技术外部性共同作用，是集聚经济的主要来源，二者在功能上具有互补性。在此之后，又有学者提出"前向关联"和"后向关联"的概念。斯托夫斯基（Scitovsky，1954）将金融外部性限定于生产者之间的投入产出关系，即"后向关联"。克鲁格曼（Krugman，1991）及其后的新经济地理学将生产者之间的金融外部性扩大到了生产者和消费者之间，即"前向关联"。而国内学者梁琦和钱学锋（2007）认为，金融外部性的本质是借助价格机制降低企业成本，因此兼具前后向关联。技术外部性存在相对明确，文献中通常将其定义为"基于技术外溢和扩散的关联"（李金滟和宋德勇，2008）。根据技术外部性是来源于产业专业化还是多样化，又被区分为马歇尔外部性和雅各布斯外部性，包括了产业内的知识溢出和产业间的知识溢出。

伴随着集聚经济研究的深入，越来越多的学者关注到城市集聚经济和工资溢价的相关性。总体来看，这一领域的研究可以划分为四类文献。第一类文献研究整体上考察集聚经济带来的工资溢价，并不对金融外部性和技术外部性作出区分。对这一问题的考察主要从城市化过程中就业密度提升的角度切入。城市化的重要特征是劳动力的空间集聚，从而形成人力资本近距离的溢出效应（Fujita et al.，1999；Duranton and Puga，2001）。有研究发现，美国城市的非农就业密度提高一倍，劳动生产率能够增长 5%（Ciccone and Hall，1996，2002），这一指标在欧盟是 4.5%，中国则高达 8.8%（范剑勇，2006）。由于工人工资主要由劳动生产率决定，因此较高的劳动生产率将导致更高的工资水平。从企业成本支出的角度来说，更高的劳动生产率也提高了其支付更高工资的能力。

第二类文献研究金融外部性和工资溢价的关系。金融外部性主要指的企业间的前后向关联，当企业间密集地产生前后向关联时，规模经济效应显著降低了企业的生产成本，基础理论来自 D－S 模型和 OTC 框架。基于 D－S 模型，一个地区的价格指数是市场潜能的逆函数，市场潜能越大的地区，市场价格指数水平越低，因此大多采用市场潜能作为地区市场价格指数的代理指标。根据新经济地理学，在存在垄断竞争、运输成本的情况下，企业向拥有市场潜能大的空间集聚，会带来基于价格的"空间外部性"。具体来说，当大量企业集聚在一起时，至少节省了空间上的运输成本（即资金外部性），进而使得密集市场地区的企业有能力支付一个更高的工资（刘修岩等，2007）。除此之外，密集市场还有利于工作搜寻、工作转换、技能和岗位的互补，能显著降低企业成本。

第三类文献研究技术外部性和工资溢价之间的关系。技术外部性的核心是技术和知识溢出，它直接作用于生产函数，不通过市场机制起作用，因此难以精确模型化，识别和度量都比较困难，人口规模是实证研究中经常采用的代理变量。高虹（2014）发现城市规模对于劳动力收入的影响显著为正，然而相较于收入处于中、高水平的劳动者，收入最低的劳动力受益程度相对较小。踪家峰和周亮（2015）利用中国家庭收入调查（CHIP）2002年数据，在控制城市生活成本之后，发现城市集聚对于劳动力尤其是高技能劳动力的工资水平具有促进效应，然而从长期来看，各层次劳动力均可以从城市集聚中获益。

也有学者研究了城市规模与农民工工资水平的相关性，但结论差异很大。王建国和李实（2015）发现，城市规模扩张能提高农民工工资水平，如果综合考虑城市间工资、生活成本和便利性差异，农民工从大城市获得的真实工资或者效用水平更高。周密等（2018）利用中国家庭收入调查（CHIP）2013年数据，发现城市规模和农民工工资水平之间显著正相关，并且大城市及特大城市的城市规模对农民工工资具有显著影响，而中小城市规模与农民工工资无关，因此不应该限制劳动力流动。不过宁光杰（2014）的研究得到了不同的结论。他利用RUMiC数据研究发现，城市规模的工资升水并不大。如果将大城市劳动力所具有的更高的能力特征因素考虑进来，大城市收入优势将不再存在。也就是说，我们所观察到大城市的"工资溢价"实际上是一种筛选效应。

部分学者也关注了户籍制度在城市规模效应发挥中的作用，发现依然存在户籍歧视。王建国和李实（2015）发现农民工工资对于城市规模的弹性系数在4.0% ~ 4.2%，但该系数明显低于已有文献报告的城市当地工人的相应系数。张文武和张为付（2016）认为城市规模扩大，城镇居民和农民工的名义工资收入没有明显差异。但是在同等规模城市中，城市户籍人口比农村户籍人口有着较高的工资收入。

第四类文献将金融外部性和技术外部性同时纳入经验分析框架，然而结论并不一致。刘修岩和殷醒民（2008）利用地级和省级面板数据，发现市场潜能对工资水平呈现显著正向影响，就业密度对工资水平的影响呈U

型。吴晓怡和邵军（2016）利用制造业企业微观数据和地级以上城市数据，发现市场潜能对制造业工资具有正向影响，就业密度对工资水平的影响呈倒 U 型。周光霞等（2017）发现农村移民显著受益于集聚经济的金融外部性和技术外部性。芬尔顿（Fingleton，2006）认为就业密度比市场潜能更能解释工资水平的变化。芬尔顿和龙海（Fingleton and Longhi，2013）发现就业密度对于女性劳动力的工资水平存在显著影响，而市场潜能解释力较弱。之所以出现不一致的结果，主要原因有三个：第一，样本不同。省级、地级市、企业层面的劳动力具有不同的特征，选择的样本不同结论也会不同；第二，受限于数据的可获性，工资数据大多来自于平均工资水平，忽略了行业、岗位以及劳动力个体特征等差异；第三，技术外部性代理指标的选择问题。使用经济密度衡量区域内部集聚程度的优点在于剔除了区域空间尺度差异的影响（Ciccone and Hall，1996），然而经济密度与经济活动的集聚性并非密切相关，它只是衡量区域内集聚的较为粗略的代理变量（Bosker，2007），特别是度量较大空间集聚时候，密度指标缺陷更为明显（Gardiner et al.，2011）。

三、中国城市二元劳动力市场上集聚经济与工资溢价

从已有研究来看，集聚经济与工资溢价的相关性已经得到学者关注，相关研究也取得一定的成果。但是既有文献大多遵循笼统对待集聚经济、不区分金融外部性和技术外部性，或者遵循两条相对独立的研究路径。最近的研究开始注重将金融外部性和技术外部性被同时纳入研究框架，但是这一研究框架在中国城市二元劳动力市场上的应用却还处于空白状态，因此妨碍了我们对中国劳动力迁移机制的进一步认识。本章同时考察技术外部性和金融外部性带来的工资升水效应，创新点在于将其应用于中国城市二元劳动力市场。基于中国家庭收入调查（CHIP）2002 年、2007 年、2013 年数据研究发现：外来农村劳动力既显著受益于大城市的技术外部性，也受益于大市场的金融外部性。然而相比较于城市本地劳动力，外来农村劳动力更多地受益于大市场提供的金融外部性，而较少受益于大城市提供的技术外部性。基于"技术外部性敏感型"和"金融外部性敏感型"的行业分类，本章发现：农业户籍显著降低了农村劳动力进入"技术外部性敏感型"行业就业的可能性，但却显著提高了其进入"金融外部性敏感型"行业就业的可能性，从而证实了中国农村劳动力迁移中的"有界城市"和"无界市场"假说，揭示了塑造中国城市人口增长特征的微观机制。

第二节　实证模型、数据来源与变量构建

一、实证模型

实证模型如式 4.1 所示，用以考察一个地区个体工资的决定因素，劳动力个体特征如教育、经验等，以及城市特征如城市规模、市场潜能等都会对个体工资产生影响，因此将城市层级变量和劳动力层级变量同时纳入工资决定模型。

$$\ln(wage\_hour_{rjt}) = c + \alpha_1 \cdot \ln(mp_{rt}) + \alpha_2 \cdot \ln(L_{rt}) + \lambda \cdot hukou_{rjt}$$
$$+ \varphi \cdot year_t + \beta \cdot X_{rjt} + \gamma \cdot City_{rt} + \mu_{rjt} \qquad (4.1)$$

其中，下标 j、r、t 表示第 t 年居住在城市 r 中的劳动力 j，$wage\_hour_{rjt}$ 代表第 t 年居住在城市 r 中的劳动力 j 的小时工资水平，实际回归时取对数。$\ln(mp_{rt})$ 是第 t 年城市 r 的市场潜能的对数，$\ln(L_{rt})$ 是第 t 年城市 r 的人口规模的对数，α_1、α_2 分别度量了金融外部性和技术外部性对个体工资的影响。$hukou_{rjt}$ 是劳动力的户口类型，λ 表示不同户口类型的个体的工资差异，$year_t$ 表示年份虚拟变量，X_{rjt} 是个人特征向量，包括性别、受教育程度、工作经验等，$City_{rt}$ 为城市特征变量，c 为常数项，μ_{rjt} 为随机误差项。

该模型的独特之处在于综合利用微观的劳动力个体特征和中观的城市特征，并在同一分析框架中探讨集聚经济的金融外部性（MP）和技术外部性（L）在工资决定中的作用，可以较为全面地判别集聚经济对工资溢价的影响。

二、数据来源

本章综合使用城市层级中观数据和劳动力层级微观数据，度量城市特征变量的数据主要来自《中国城市统计年鉴》，微观个体数据则来源于中国家庭收入调查（CHIP）2002 年、2007 年和 2013 年的城镇住户调查部分，然后将外来务工住户调查数据再匹配进来。

中国家庭收入调查的 2002 年、2007 年和 2013 年数据涵盖北京、山西、辽宁、上海、江苏、浙江、安徽、山东、河南、湖北、湖南、广东、重庆、四川、云南和甘肃 16 个省级行政单位的 3 个直辖市、13 个省会城

市和 82 个地级市。调查内容丰富，涵盖了大量个人微观层面的基本信息、就业信息，可以在控制个人特征的基础上，识别出城市集聚经济对于劳动力工资溢价的影响。基于本章的研究目的，借鉴陆铭等（2012）和高虹（2014）年的做法，将样本限于劳动年龄人口（年龄处于 16 ~ 60 岁的男性，以及年龄处于 16 ~ 55 岁的女性），以获得工资收入数据，据此排除了非劳动力的样本，并在此基础上删除掉没有工资收入的样本。非劳动力样本包括机关事业单位离退休人员、企业及其他单位退休人员、在校学生、家务劳动者、在产假或哺乳假的妇女、在职病假、其他不工作、不上学的成员等。没有工资收入的样本是指雇主、自营劳动者和家庭帮工等人员。在经过上述数据筛选后，本章所使用的数据集中样本有 29665 个，其中 19066 个城镇个体，10599 个农村个体。

三、变量说明

1. 劳动力小时工资收入。关于工资标准的选择，有月工资和小时工资的区别。由于不同个体在工作时间上存在结构性差异，比如说相比较于城镇劳动力，农村劳动力的工作月数偏低，但每月工作天数和每天工作时间偏高，因此小时工资是合理选择，因为它能够剔除掉那些影响个体"工作时间"的因素。

CHIP 数据将劳动力的工资收入分成两部分：主要工作收入（包括货币性收入、实物性伙食补贴、实物性住房福利等）和其他工作收入。为了证实模型和结论的可靠性，劳动力小时工资收入使用了两个指标：主要工作小时工资收入和全部工作小时工资收入（包括主要工作收入和其他工作收入）。

从表 4 - 1 中可以看出，无论是主要工作还是全部工作，城镇劳动力的小时工资收入均高于农村劳动力，虽然描述性统计并没有控制其他变量，但是依然可以在一定程度上反映不同户籍的劳动力之间存在显著的工资收入差距。

表 4 - 1　　　　　　　劳动力小时工资收入的统计描述

项目	全样本	2002 年样本	2007 年样本	2013 年样本
样本量	29665	10527	11908	7230
全样本主要工作小时工资收入均值	9.97	3.87	9.30	19.94
全样本全部工作小时工资收入均值	10.79	3.91	9.41	23.07
城镇劳动力主要工作小时工资收入均值	11.96	4.54	12.82	20.68
城镇劳动力全部工作小时工资收入均值	12.91	4.58	12.92	23.59

项目	全样本	2002 年样本	2007 年样本	2013 年样本
农村劳动力主要工作小时工资收入均值	6.38	2.13	6.25	16.52
农村劳动力全部工作小时工资收入均值	6.96	2.18	6.36	20.70

注：为了剔除通货膨胀率带来的影响，使用国家统计局公布的 CPI 指数调整小时工资，将 2002 年和 2007 年工资水平调整到 2013 年水平，其中个别城市不存在 CPI 指数的，用全省 CPI 指数替代。

2. 市场潜能。市场潜能的计算公式由哈里斯（Harris，1954）提出：$mp_m = \sum Y_n / d_{nm}$。其中，Y_n 为城市 n 的 GDP，d_{nm} 为城市 n 和城市 m 之间的距离。该变量为地理距离，由于市政府所在地很少发生变化，所以本章以两城市的市政府所在地的最近球面距离表示两城间的距离。当 $n = m$ 时，城市内部距离定义为：$d_{nm} = (2/3) \sqrt{S_m / \pi}$，$S_m$ 为城市行政辖区的面积。为了更加接近市场潜能的本质含义，这里市场规模使用的是行政辖区的 GDP，而非市区 GDP。公式所表达的含义是城市 m 的市场潜能等于周边所有城市的收入按距离的倒数进行加权。如果一个城市周边城市的收入水平高，距离城市 m 又很近，那么市场潜能指数就更大。位于更大市场潜能的地区，有效需求更高，从而可以借助价格指数效应降低生产成本，给工人支付一个更高的工资。表 4 - 2 统计了 CHIP 数据所涉及城市的市场潜能指数，结果显示，在 2002 ~ 2013 年，无论是沿海，还是内地，城市市场潜能指数均经历了显著的提升，特别是在 2007 ~ 2013 年，增长率超过 100%。与此同时我们也注意到，沿海城市的市场潜能指数显著大于内地。

表 4 - 2 样本城市市场潜能指数

年份	沿海	内地
2002	309	194
2007	811	519
2013	1628	1129

3. 城市人口规模。城市人口规模被大多数研究者用来度量城市的技术外部性。在非人口普查年份，城市人口数据只能来自《中国城市统计年鉴》，使用年鉴中年末市辖区的人口规模指标度量。

4. 户口类型变量。本章将劳动力按户籍类型划分为非农业户口劳动力和农业户口劳动力，以非农劳动力为参照，0 表示城镇劳动力，1 表示农村劳动力。

5. 城市层面控制变量。其他可能影响工资收入的城市特征包括在 *City* 变量中，主要有 1980～2010 年 1 月份平均气温、近三年平均城市人均 GDP、①近三年平均劳动力就业状况、近三年平均财政支出占 GDP 比重、近三年平均每万人拥有公共汽车数量、省会城市虚拟变量、资源型城市虚拟变量等。控制一个城市的气温，这主要是因为城市的宜居度会吸引更多的劳动力，增加市的集聚力。之所以加入城市人均 GDP 变量，主要是为了控制经济因素对于工资水平的影响以及劳动力供求因素导致的遗漏变量问题，一般而言，经济实力较强的城市，会吸引更多、更大规模的企业和劳动力，推动当地劳动生产率的提高，增加工资水平上行的动力。此外，我们在回归中还控制了城市的所有制状况，用城市非公有制经济就业人员比例来表示，这主要是因为一个城市的非公有制经济越发达，城市的就业吸纳能力越强，从而影响劳动力供求，进而影响工资水平。地方政府预算内支出占 GDP 的比重可以作为政府相对规模的一个指标。用每万人人均拥有的公共汽车数量能够度量地方公共品供给的基本情况，控制这一变量是因为交通等公共服务会影响城市的拥挤程度，缓解集聚经济的负向成本。在回归中加入省会城市变量，是考虑到城市的政治级别会同时影响集聚经济和工资水平的因素。资源型城市变量则是为了控制城市自身经济发展对于资源的依赖性。

6. 劳动力层面个人特征控制变量。个人特征变量包括性别、婚姻状况、受教育年限、工作经验，按常规加入工作经验的平方项，同时控制个体的民族、工作类型、就业单位行业类别、就业单位所有制性质等。受教育年限度量人力资本，年龄与工作经验会产生共线性问题，所以最终并没有包括在个人特征中。

城市劳动力市场还存在地域差异，由于户口所在地不同，本地人和外地人之间存在工资差异，这种差距与劳动力是否拥有城镇户籍联系不大。因此，我们还引入了地域差异变量（又可以称为迁移变量），该变量为 0 - 1 分类变量，当劳动力为本地人时，该变量取值为 0，否则该变量取值为 1。

另外，劳动力微观数据来自 CHIP2002 年、2007 年和 2013 年，因此引入时间虚拟变量 $year$，用来捕捉 2002 年、2007 年和 2013 年调研样本的系统性差别。

表 4 - 3 汇总了变量的基本信息。

---

① 对于 CHIP2013 年的劳动力样本来讲，该变量来自 2013 年、2012 年、2011 年城市人均 GDP 的均值；对于 CHIP2007 年的劳动力样本来讲，该变量来自 2007 年、2006 年、2005 年城市人均 GDP 的均值；对于 CHIP2002 年的劳动力样本来讲，该变量来自 2002 年、2001 年、2000 年城市人均 GDP 的均值。之所以选择三年均值，主要是考虑城市级变量对于工资水平影响的滞后性。其他变量类同，不再一一赘述。

表 4 – 3 变量定义

变量	定义
被解释变量	
小时工资水平（wage_hour）	劳动力小时工资收入水平
核心解释变量	
金融外部性（mp）	市场潜能
技术外部性（L）	城市人口规模
户籍性质（hukou）	0 城镇劳动力；1 农村劳动力
城市层级控制变量（City）	
城市宜居度	1980 ~ 2010 年 1 月份平均气温
人均 GDP	近三年平均城市人均 GDP
劳动力就业状况	近三年平均非公有制经济就业人员比重
财政支出	近三年平均地方政府预算内财政支出占 GDP 比重
公共服务	近三年平均每万人拥有公共汽车数量
省会城市	0 一般地级市；1 省会城市（包括直辖市）
资源型城市	0 非资源型城市；1 资源型城市
劳动者个体特征变量（X）	
地域差异变量	0 本地人；1 外地人
年份虚拟变量	0 表示 2002 年；1 表示 2007 年；2 表示 2013 年
性别	0 女性；1 男性
婚姻状况	0 其他；1 未婚
受教育年限	所受教育年限（不包括跳级和留级念书）
工作经验	工作经验 = 年龄 – 受教育年数 – 6
工作经验的平方	潜在工作经验的平方
民族	0 其他；1 汉族
工作类型	0 失业；1 就业
就业单位行业类别	0 农林牧副渔；1 采矿业；2 制造业；3 电力、燃气及水生产和供给业；4 建筑业；5 地质勘查业、水利管理业、科学研究和综合技术服务业；6 交通运输、仓储和邮政通信业；7 批发、零售、住宿和餐饮业；8 金融保险业；9 房地产业；10 社会服务业；11 卫生体育和社会福利业、教育、文化艺术和广播电影电视业；12 国家机关、党政机关和社会团体；13 其他
就业单位所有制性质	0 党政机关团体、事业单位；1 国有及控股企业；2 集体企业；3 私营企业；4 中外合资或外商独资企业；5 个体；6 其他

第三节　集聚经济与工资溢价的实证分析

一、基准回归结果

表4-4报告了外部性对于劳动力小时工资的影响，其中结果（1）和结果（4）仅控制了核心解释变量；结果（2）和结果（5）在控制核心解释变量的基础上，进一步控制了劳动力个体特征变量；结果（3）和结果（6）则控制了所有变量。虽然系数的绝对值有所变化，但市场潜能、城市人口规模的回归系数均显著为正，集聚能力的提升能够显著提高劳动力的小时工资水平，实证结果与现实基本吻合。下面以回归结果（3）作具体分析。

表4-4　　　　　　　　外部性与工资溢价：基准回归结果

变量	主要工作小时工资收入			全部工作小时工资收入		
	（1）	（2）	（3）	（4）	（5）	（6）
ln(mp)	0.488 *** (0.071)	0.455 *** (0.061)	0.123 ** (0.060)	0.489 *** (0.071)	0.455 *** (0.062)	0.124 ** (0.062)
ln(L)	0.120 *** (0.028)	0.116 *** (0.023)	0.110 *** (0.031)	0.120 *** (0.028)	0.116 *** (0.024)	0.112 *** (0.032)
户口类型	-0.557 *** (0.046)	-0.242 *** (0.048)	-0.252 *** (0.044)	-0.556 *** (0.046)	-0.239 *** (0.048)	-0.249 *** (0.044)
地区变量	0.007 (0.038)	0.022 (0.034)	-0.017 (0.029)	0.012 (0.038)	0.029 (0.033)	-0.009 (0.029)
2007 年虚拟变量	0.330 *** (0.108)	0.389 *** (0.098)	0.572 *** (0.138)	0.323 *** (0.110)	0.383 *** (0.099)	0.577 *** (0.146)
2013 年虚拟变量	0.662 *** (0.139)	0.682 *** (0.124)	0.999 *** (0.161)	0.661 *** (0.140)	0.682 *** (0.126)	1.009 *** (0.172)
ln（人均 GDP）			0.281 *** (0.040)			0.279 *** (0.041)
城市宜居度			0.014 *** (0.002)			0.014 *** (0.002)
省会城市			-0.095 * (0.054)			-0.104 * (0.056)

变量	主要工作小时工资收入			全部工作小时工资收入		
	（1）	（2）	（3）	（4）	（5）	（6）
资源型城市			−0.050 (0.051)			−0.048 (0.051)
ln（劳动力就业状况）			−0.085 (0.052)			−0.088 (0.055)
ln（财政支出）			0.111** (0.053)			0.112** (0.053)
ln（公共服务）			0.006 (0.014)			0.007 (0.015)
性别		0.174*** (0.010)	0.175*** (0.009)		0.174*** (0.011)	0.175*** (0.010)
婚姻状况		−0.056** (0.022)	−0.057*** (0.020)		−0.055** (0.022)	−0.055*** (0.021)
民族		−0.027 (0.036)	−0.013 (0.034)		−0.030 (0.036)	−0.015 (0.034)
受教育年限		0.058*** (0.004)	0.057*** (0.004)		0.058*** (0.004)	0.057*** (0.004)
工作经验		0.022*** (0.002)	0.021*** (0.002)		0.023*** (0.002)	0.021*** (0.003)
工作经验的平方		−0.000*** (0.000)	−0.000*** (0.000)		−0.000*** (0.000)	−0.000*** (0.000)
工作类型		0.260*** (0.081)	0.251*** (0.081)		0.261*** (0.080)	0.250*** (0.080)
所有制虚拟变量	否	是	是	否	是	是
行业虚拟变量	否	是	是	否	是	是
常数项	是	是	是	是	是	是
观测值	24510	24474	23173	24510	24474	23173
调整的 R^2	0.489	0.582	0.598	0.483	0.575	0.593
F统计量	219.868	341.820	332.527	225.335	329.573	323.429
P值	0	0	0	0	0	0

注：括号内数字为聚类到城市的稳健标准误，***、**、*分别表示回归系数在1%、5%和10%的水平上显著。

第一，个体工资与集聚经济显著正相关。其中，市场潜能的回归系数为0.123，城市人口规模的回归系数为0.110，二者分别在5%和1%水平上显著。这既是说，市场潜能每提高一个百分点，个体主要工作的小时工资将提高0.123个百分点；人口规模每提高一个百分点，个体小时工资提高0.110个百分点。需要特别提及的是，此处未对劳动力的类型进行区分，所得结论适用于对城镇地区全部劳动力的推断。

第二，农业户口劳动力的工资显著低于非农户口劳动力的工资，因为户籍类型虚拟变量的回归系数为 -0.252，且在1%统计水平上显著。这表明在控制了集聚经济、劳动力个人特征等影响个体生产率因素的变量后，来自农村地区的农业户口劳动力的工资还是显著更低，这可能显示了户籍制度的作用。

第三，城市特征对个体工资也有显著影响。人均 GDP 越高的地区，个体的工资水平也越高。城市宜居度的回归系数为0.014，在1%统计水平上显著，城市的一月份气温越高，劳动力获得的工资溢价越多，原因可能是适宜的气候提高了个体的劳动生产率。财政支出水平越高，个体工资越高。非省会城市虚拟变量的回归系数为 -0.095，在10%统计水平上显著。这表明相比较于省会城市，其他城市个体的工资水平要下降0.095个百分点，背后的机制可能在于省会城市更强的资源获取能力。

第四，个体特征变量对工资也有显著影响。男性工资比女性高出17.5%，未婚个体的工资比结婚个体显著更低。教育回报率为5.7%，在1%统计水平上显著。工作经验对个体工资的影响呈现倒 U 型，这也与已有的研究结果保持一致。民族身份的差异对于小时工资收入的影响不显著。

二、稳健性检验

金融外部性和技术外部性影响着城镇劳动力市场中的工资水平，这是本章重点关注的因果关系。然而劳动力工资水平也会进一步影响城市的经济集聚水平，尤其是在中国的快速城镇化进程中，较高的工资水平会进一步吸引城市劳动力市场规模的增加，劳动力及其经济活动在城市空间的集聚会进一步扩大本地市场规模，吸引厂商在经济集聚地扩大生产规模，进一步提高集聚水平。因此，城市集聚经济与劳动力工资收入之间存在双向因果关系，这会导致上述模型设定存在内生性问题。为了解决内生性问题，借鉴克洛泽（Crozet，2004）、王永培等（2013）等的做法，我们采用核心解释变量滞后的办法，分别采用滞后一年、两年和三年的市场潜能和年末市辖区人口规模替代当年的城市集聚能力。表4－5汇报了内生性检验的结果，[①] 其中回归结果（1）、结果（2）、结果（3）分别是利用滞后一年、两年和三年的数据计算的回归结果。内生性检验证实，劳动力确实受益于城市集聚经济，城市集聚能力越高，劳动力获得的工资溢价越多。

表4－5　　　　　　　外部性与工资溢价因果关系的稳健性检验

变量	内生性检验			替代变量回归		
	（1）	（2）	（3）	（4）	（5）	（6）
$\ln(mp)$	0.129 **	0.134 **	0.117 *	0.128 **	0.116 *	0.112 *
	（0.060）	（0.059）	（0.060）	（0.060）	（0.062）	（0.062）
$\ln(L)$	0.101 ***	0.096 ***	0.110 ***	0.120 ***	0.072 **	0.082 ***
	（0.032）	（0.031）	（0.032）	（0.030）	（0.031）	（0.029）
户口类型	－ 0.252 ***	－ 0.249 ***	－ 0.250 ***	－ 0.256 ***	－ 0.246 ***	－ 0.250 ***
	（0.044）	（0.044）	（0.044）	（0.045）	（0.043）	（0.044）
年份变量	是	是	是	是	是	是
城市特征变量	是	是	是	是	是	是
劳动力特征变量	是	是	是	是	是	是
常数项	是	是	是	是	是	是
观测值	23173	23173	23173	23173	23173	23173
调整的 R^2	0.598	0.598	0.598	0.599	0.597	0.597
F 统计量	330.685	349.828	359.765	334.467	320.494	327.829
P 值	0	0	0	0	0	0

注：括号内数字为聚类到城市的稳健标准误，*** 、** 、* 分别表示回归系数在1%、5%和10%的水平上显著。

　　为了进一步证实文章模型和结论的可靠性，我们通过两种方式重新刻画集聚经济的金融外部性和技术外部性，以考察代理变量的改变是否会改变文章的结论。第一，根据范剑勇和张雁（2009）的做法，文章剔除城市所在区域的市场潜能，仅以国内其他地区的市场潜能作为金融外部性的代理变量，弱化本地经济总量对于集聚能力的影响。第二，利用城市常住人口规模替代市辖区非农人口规模，数据分别来自2000年和2010年的人口

---

　　① 为了简洁，表中仅汇报了以主要工作小时工资收入为被解释变量的回归结果，本书省略了以全部工作小时工资收入为被解释变量的回归结果，结果备索，二者结论基本一致，说明本书的结论是稳健的。本章余下表格相同。

普查数据。之所以选择常住人口规模，主要原因在于常住人口规模能够较为准确地反映城市集聚能力，而"市区非农人口规模"低估城市真实人口规模。以上海为例，2000 年市区非农人口和常住人口相差近 500 万人，2010 年二者相差近 980 万人。表 4 - 5 的回归结果（4）为第一种方案的检验结果，回归结果（5）是第二种方案的回归结果，回归结果（6）为同时替代金融外部性和技术外部性的结果。从回归结果可以看出，城市集聚经济的金融外部性和技术外部性的回归系数显著为正值，与前面结果并无显著差异，显示了较强的稳健性。

第四节　户口类型与集聚经济工资溢价

一、集聚经济与外来农村劳动力的工资溢价

以上是将不同户口的劳动力样本放在一起回归，得到的是集聚经济对于所有劳动者工资溢价的平均效应。那么，作为中国城市化进程的主要推动力量，农业户口劳动力（以下简称"农村劳动力"）是否受益于城市集聚经济呢？为此，本节单独利用农村劳动力子样本进行分析。从表 4 - 6 的回归结果（3）可知，市场潜能的回归系数分别为 0.232，在 1% 统计水平上显著，这意味着市场潜能每提高 1%，农村劳动力的小时工资收入会提高 0.232%。市场潜能高的城市有能力支付给农村劳动力更高的工资，农村劳动力的确通过集聚经济产生的金融外部性得到更高的工资，为将来扎根于城市劳动力市场和实现"人的城市化"奠定经济基础。农村劳动力同样会获得技术外部性带来的工资溢价。城市人口规模的估计系数为 0.087，在 5% 统计水平上显著，这意味城市人口规模每提高 1%，农村劳动力的工资收入会提高 0.087%，农村劳动力进入城市劳动力市场，取得更多的交流、沟通的机会，获得了较高的知识溢出，分享了城市集聚的技术外部性。

另外，值得注意的是，相较于全样本的回归结果，农村劳动力子样本的市场潜能回归系数 0.232 高于全样本的回归系数 0.123，而城市规模的回归系数 0.087 低于全样本的 0.110，并且均具有统计意义上的显著性。同样为了解决集聚经济和工资溢价的双向因果关系，文章依然采用核心解释变量滞后的办法进行内生性检验；为了证实结论的可靠性，依然采用重新刻画集聚经济变量的方法进行替代变量回归。表 4 - 6 的实证结果（4）~（9）与回

归结果（1）～（3）完全一致，农村劳动力更多地受益于大市场提供的集聚经济，较少受益于大城市提供的集聚经济。

表 4 - 6　　　　　　　　　外部性与农村劳动力的工资溢价

变量	基础回归结果			内生性检验			代理变量回归		
	(1)	(2)	(3)	(4)	(5)	(6)	(7)	(8)	(9)
$\ln(mp)$	0.517 ***	0.462 ***	0.232 ***	0.237 ***	0.247 ***	0.232 ***	0.295 ***	0.217 **	0.261 ***
	(0.062)	(0.048)	(0.079)	(0.078)	(0.076)	(0.081)	(0.054)	(0.089)	(0.053)
$\ln(L)$	0.071 **	0.080 ***	0.087 **	0.084 **	0.072 *	0.079 *	0.116 ***	0.045	0.065 **
	(0.027)	(0.023)	(0.041)	(0.042)	(0.041)	(0.042)	(0.040)	(0.036)	(0.029)
年份变量	是	是	是	是	是	是	是	是	是
城市特征	是	是	是	是	是	是	是	是	是
个体特征	是	是	是	是	是	是	是	是	是
常数项	是	是	是	是	是	是	是	是	是
观测值	6921	6911	6702	6702	6702	6702	6702	6702	6702
调整的 R^2	0.531	0.601	0.600	0.600	0.600	0.600	0.604	0.599	0.601
F 统计量	278.889	214.712	340.123	328.456	319.547	300.183	401.139	296.176	405.367
P 值	0	0	0	0	0	0	0	0	0

注：括号内数字为聚类到城市的稳健标准误，***、**、*分别表示回归系数在1%、5%和10%的水平上显著。

二、户口类型与集聚经济工资溢价

农村劳动力主要从大市场集聚经济，而不是大城市集聚经济中获益，使人自然联想到这是由于户籍制度的作用。改革开放以来，中国劳动力市场化虽然取得了重要突破，但农村劳动力在城市的市场融入方面仍然存在障碍。在更大规模的城市，农村劳动力更难以拥有与本地劳动力同等的就业机会和其他市民待遇。不过在更大规模的市场里，大城市和中小城市并存。一般来说，中小城市对外来农村劳动力更为友好，在落户、子女就学等方面较少设定差异性规则，这就使得户籍身份差异有可能是农村劳动力较少受益于大城市集聚经济的原因。为此，本节进一步提出如下两个假说：（1）相比于非农户口劳动力，金融外部性对农业户口劳动力的工资升水效应更强；（2）相比于非农户口劳动力，技术外部性对农业户口劳动力的工资升水效应更弱。

为了证实户口类型对集聚经济的工资溢价效应的影响，本小节在模型（4.1）的基础上引入户口类型变量和集聚经济变量的交乘项来捕捉身份差异对于集聚经济工资溢价的影响，实证模型如式（4.2）。

$$
\begin{aligned}
\ln(wage\_hour_{rjt}) = {} & c + \alpha_1 \cdot \ln(mp_{rt}) + \alpha_2 \cdot \ln(L_{rt}) \\
& + \alpha_3 \cdot hukou_{rjt} \cdot \ln(mp_{rt}) + \alpha_4 \cdot hukou_{rjt} \cdot \ln(L_{rt}) \\
& + \lambda \cdot hukou_{rjt} + \varphi \cdot year_t + \beta \cdot X_{rjt} \\
& + \gamma \cdot City_{rt} + \mu_{rjt} \quad\quad\quad\quad\quad\quad (4.2)
\end{aligned}
$$

其中，$hukou_{rjt} \cdot \ln(mp_{rt})$ 和 $hukou_{rjt} \cdot \ln(L_{rt})$ 分别为市场潜能对数和户籍变量的交乘项、人口规模对数和户籍变量的交乘项，我们重点关注 α_3、α_4 的大小和显著性水平，它们分别代表着集聚经济的工资溢价效应对拥有不同户口的劳动力有何不同。

表 4 - 7 引入交乘项的回归结果。根据回归结果（3）可知，户口类型和市场潜能的交乘项 $hukou \cdot \ln(mp)$ 的估计系数为 0.124，在 1% 统计水平上显著，表明相对于城镇非农户口劳动力，市场潜能对于农村劳动力所带来的工资溢价要高出 12.4 个百分点。与此同时，变量 $\ln(mp)$ 不再显著，表明城镇非农户口劳动力不能从金融外部性中获得工资溢价。这一结果与现实观察一致：中国的农村劳动力主要迁往了沿海大市场地区。户口类型和城市人口规模的交乘项 $hukou \cdot \ln(L)$ 的估计系数为 -0.065，在 5% 统计水平上显著，这意味着在控制其他因素的情况下，农村劳动力较城镇非农户口劳动力获得了较低的技术外部性带来的工资溢价。与大市场集聚经济不同的是，城镇非农户口劳动力仍然从大城市集聚经济中获得了好处。因为实证分析中控制了与个体生产率相关的教育、工作经验等变量，因此，这种差异我们认为是由户籍身份带来的。

表 4 - 7　　　　　　　　　　外部性、户籍制度与差异性工资溢价

变量	基础回归结果			内生性检验			替代变量回归		
	(1)	(2)	(3)	(4)	(5)	(6)	(7)	(8)	(9)
$\ln(mp)$	0.413 ***	0.409 ***	0.091	0.095 *	0.097 *	0.083	0.087	0.083	0.071
	(0.071)	(0.061)	(0.057)	(0.057)	(0.056)	(0.057)	(0.057)	(0.059)	(0.058)
$hukou \cdot \ln(mp)$	0.241 ***	0.146 ***	0.124 ***	0.132 ***	0.145 ***	0.151 ***	0.155 ***	0.136 ***	0.166 ***
	(0.039)	(0.033)	(0.033)	(0.032)	(0.032)	(0.031)	(0.031)	(0.037)	(0.034)
$\ln(L)$	0.140 ***	0.136 ***	0.127 ***	0.117 ***	0.118 ***	0.124 ***	0.135 ***	0.088 ***	0.097 ***
	(0.031)	(0.025)	(0.031)	(0.031)	(0.031)	(0.031)	(0.030)	(0.031)	(0.029)
$hukou \cdot \ln(L)$	-0.073 *	-0.077 **	-0.065 **	-0.060 **	-0.088 ***	-0.062 **	-0.054 *	-0.055 *	-0.049 *
	(0.042)	(0.033)	(0.031)	(0.030)	(0.029)	(0.029)	(0.028)	(0.032)	(0.028)
$hukou$	-3.878 ***	-2.080 ***	-1.815 ***	-1.945 ***	-1.962 ***	-2.184 ***	-2.311 ***	-1.582 ***	-2.083 ***
	(0.665)	(0.546)	(0.498)	(0.493)	(0.477)	(0.485)	(0.488)	(0.556)	(0.564)

变量	基础回归结果			内生性检验			替代变量回归		
	(1)	(2)	(3)	(4)	(5)	(6)	(7)	(8)	(9)
年份变量	是	是	是	是	是	是	是	是	是
城市特征	否	否	是	是	是	是	是	是	是
劳动力特征	否	是	是	是	是	是	是	是	是
常数项	是	是	是	是	是	是	是	是	是
观测值	24510	24474	23173	23173	23173	23173	23173	23173	23173
调整的 R^2	0.494	0.584	0.600	0.600	0.600	0.601	0.601	0.598	0.599
F 统计量	198.191	348.086	363.589	353.467	358.441	373.889	363.588	328.601	334.951
P 值	0	0	0	0	0	0	0	0	0

注: 括号内数字为聚类到城市的稳健标准误, ***、**、* 分别表示回归系数在1%、5%和10%的水平上显著。

究其原因, 有以下两个方面: 第一, 户籍制度阻断了劳动力市场共享带来的知识溢出效应。大城市具有大规模的劳动力市场, 集聚了大量的厂商和劳动力, 具有较高的匹配度, 通过不断地就业、招募, 劳动力供求双方能相对容易地找到和自身匹配的对象, 降低了搜寻的时间和成本, 进一步鼓励了双方劳动分工和专业化程度。然而在城市二元劳动力市场上, 户籍制度降低了劳动力市场共享程度, 由于无法获得城镇户籍, 农村劳动力在劳动力市场处于劣势, 并受到不平等的待遇, 被排除在某些就业岗位和就业领域之外。第二, 户籍制度降低了劳动力市场的学习效应。生产力的提高需要"干中学", 需要面对面的交流和沟通。地理上的邻近可以增加劳动者之间正式和非正式的交流, 产生面对面交流的知识外溢, 与具有较高技能或者知识的人接触有助于技能的获得、知识扩散和传播。户籍制度阻碍了农民工到市民的转换, 减弱了农村劳动力正式接触和非正式接触为主要渠道的技术溢出效应, 使其获得较低的大城市工资溢价效应。

三、稳健性检验

城市集聚经济和差异性工资溢价之间同样存在双向因果关系。本章重点关注城镇户籍的缺乏是否导致差异性工资溢价问题, 然而在户籍制度制约下的中国城市化进程中, 大市场带来的高工资水平会更多地吸引农村劳动力, 同时户籍制度形成的准入门槛又会减弱城市集聚水平, 尤其是在经济下行的情况下, 更多的农村劳动力会选择返乡就业。因此上述模型依然存在内生性问题。本章同样采取核心解释变量滞后的办法进行内生性检验。表4-7回归结果（4）、结果（5）、结果（6）分别是利用滞后一年、两年和三年的数据计算的回归结果，与回归结果（1）、回归结果（2）、回归结果（3）无实质差异。为了进一步证实文章模型和结论的可靠性，我们同样采用替代核心变量的方法进行稳健性检验。表4-7的结果（7）是用剔除城市所在地区的市场潜能代替原有变量的实证结果，结果（8）是用城市常住人口规模代替城市户籍人口规模的实证结果，结果（9）是同时替代市场潜能和城市人口规模的实证结果。从回归结果（7）、回归结果（8）、回归结果（9）均可以看出，户籍和市场潜能交叉项的回归系数显著为正，户籍变量和城市规模交叉项的回归系数显著为负，结论是稳健的。

据此，我们可以得到清晰的结论：户籍身份使得集聚经济效应的分享变得复杂而独特。在城市二元劳动力市场中，城市集聚经济的技术外部性带来的工资溢价更多地被城镇劳动力获得，金融外部性带来的工资溢价则更多地被农村劳动力分享。户籍制度无法阻止农村劳动力通过接近大市场而获得更高的工资溢价，但却可以通过阻止其融入大城市而无法获得更高的工资溢价。

第五节　农村外出劳动力的就业与异质性工资溢价

一、外部性类型与行业分类

为什么农村劳动力更多地从大市场经济集聚经济中获益，而较少从大城市集聚经济中获益？从直接的原因看，可能与农村劳动力就业的行业类型有关。制造业生产可跨地区贸易的商品，企业的生产率与地区市场潜能密切关联。但是，服务业生产不可跨地区贸易的商品，与市场潜能的关联不大，反而与城市规模密切相关。通常情况下，制造业生产标准化的产品，对劳动力技能的需求也是标准化的，员工产出难以因主观因素遭受不合理评判。服务业生产个性化产品，对劳动力技能的需求也是个性化的，员工产出易于受到主观上的不公平评判。在这种情况下，当农村劳动力就业于技术外部性敏感型的服务业时，他们将主要从大市场集聚经济中获益，难以从大城市集聚经济中获益。

为了证实假说，本节首先确定劳动力所就业的行业性质，判断行业是金融外部性敏感型行业还是技术外部性敏感型行业，然后判断户籍差异是否造成劳动力就业的行业不同。首先使用分行业回归的办法，确定大市场集聚经济和大城市集聚经济显著影响哪些具体行业的工资水平，当行业个体的工资水平仅受市场潜能影响时，将这一行业定义为金融外部性敏感型行业，记作 hy_mp；反之定义为技术外部性敏感型行业，记作 hy_L。当然存在一个行业同时为金融外部性敏感型行业和技术外部性敏感型行业的情况，也存在着一个既不是金融外部性敏感型行业也不是技术外部性敏感型行业的情况。表4-8汇总了不同年份行业分类情况，由于区域市场一体化水平是渐进演进的，行业类型在不同年份存在一些差异。

表4-8   集聚经济效应敏感型行业分类汇总表

年份	$hy\_mp=1$	$hy\_L=1$
2002	无	采矿业，制造业，建筑业，地质勘查业、水利管理业，科学研究和综合技术服务业，批发、零售、住宿和餐饮业，金融保险业，社会服务业
2007	建筑业，批发、零售、住宿和餐饮业，金融保险业，社会服务业，国家机关、党政机关和社会团体	采矿业，电力、燃气及水生产和供给业，建筑业，社会服务业，国家机关、党政机关和社会团体
2013	批发、零售、住宿和餐饮业，房地产业	地质勘查业、水利管理业，科学研究和综合技术服务业，批发、零售、住宿和餐饮业，金融保险业，社会服务业，卫生体育和社会福利业，教育、文化艺术和广播电影电视业，国家机关、党政机关和社会团体

从表4-8可以看出，2002年的行业均没有给劳动力带来显著的接近大市场的工资溢价，批发、零售、住宿和餐饮业则在2007年和2013年均带来较为显著的金融外部性工资溢价，建筑业、金融保险业、社会服务业、国家机关、党政机关和社会团体业仅仅在2007年带来金融外部性工资溢价，而房地产业则在2013年给劳动力带来显著的接近大市场的工资溢价。对于城市规模而言，地质勘查业、水利管理业、科学研究和综合技术服务业、社会服务业在2002年和2013年持续带来人口集聚的技术扩散效应（2007年该行业样本缺失），国家机关、党政机关和社会团体业则在2007年和2013年给从业人员带来显著的技术外部性，采矿业、建筑业、社会服务业则由原来显著的技术溢出效应转变为不显著。

二、外部性类型和农村外出劳动力就业行业差异

为了证实户口身份是否激励和限制了农村劳动力进入某些行业，本节以 hy_mp 和 hy_L 为被解释变量，以户口类型为核心解释变量，利用 Probit

模型（4.3）和模型（4.4）进行实证检验，结果如表4-9所示。

$$hy\_mp_{rjt} = c + \lambda \cdot hukou_{rjt} + \alpha_1 \cdot \ln(mp_{rt}) + \alpha_2 \cdot \ln(L_{rt})$$
$$+ \varphi \cdot year_t + \beta \cdot X_{rjt} + \gamma \cdot City_{rt} + \mu_{rjt} \quad (4.3)$$

$$hy\_l_{rjt} = c + \lambda \cdot hukou_{rjt} + \alpha_1 \cdot \ln(mp_{rt}) + \alpha_2 \cdot \ln(L_{rt})$$
$$+ \varphi \cdot year_t + \beta \cdot X_{rjt} + \gamma \cdot City_{rt} + \mu_{rjt} \quad (4.4)$$

表4-9　　　　　　　　　　户口类型对于劳动力进入行业的影响

变量	hy_mp				hy_L			
	（1）	（2）	（3）	（4）	（5）	（6）	（7）	（8）
$hukou$	0.826***	0.556***	0.118***	0.118***	-0.327***	-0.161***	-0.131***	-0.157***
	(0.019)	(0.022)	(0.037)	(0.040)	(0.018)	(0.020)	(0.033)	(0.035)
劳动力特征	否	否	是	是	否	否	是	是
城市特征	否	是	否	是	否	是	否	是
常数项	是	是	是	是	是	是	是	是
$Observations$	24511	23205	24481	23176	24511	23205	24481	23176
$LR\ chi2(1)$	1932.37	7252.37	9450.54	9308.48	333.12	1437.76	3385.37	3451.37
$Prob > chi2$	0.0000	0.0000	0.0000	0.0000	0.0000	0.0000	0.0000	0.0000
$Pseudo\ R^2$	0.0707	0.2774	0.3460	0.3564	0.0098	0.0448	0.0999	0.1076
$Log\ likelihood$	-12709	-9448	-8933	-8404	-16804	-15339	-15257	-14312

注：括号内数字为标准误，*** 表示回归系数在1%的水平上显著。

由表4-9的检验结果（1）~（4）可知，相比较于城镇劳动力，农村劳动力进入金融外部性敏感型行业就业的可能性更高，并均通过1%的显著性检验。金融外部性敏感型行业生产标准化产品，报酬以计件工资为主，这决定着这类行业的就业难以受到身份歧视。从表4-9的检验结果（5）~（8）可知，相比较于城镇劳动力，农业户口对农村劳动力进入技术外部性敏感型行业就业的可能性有负面影响，且均通过1%的显著性检验。这与技术外部性行业生产个性化产品，易于受到身份歧视有关。综上所述，户籍制度激励农村劳动力进入金融外部性敏感型行业就业，限制其进入技术外部性敏感型行业就业。这决定着农村劳动力的迁移以追逐大市场为目的，使得中国的农村劳动力流动呈现出"有界城市"和"无界市场"的特征，从而为第二章和第三章城市人口增长的特征提供了解释。

三、拓展分析

为了进一步证实结论的可靠性，接下来采用有序 Probit 模型实证检验户口类型对于农村劳动力行业进入的影响。本节利用分行业、分年限的回归系数，将 hy_mp 和 hy_L 变量进行细分。hy_mp_new 的取值为 $0\sim3$，0 表示"回归系数 α_1 不显著"，1 表示"回归系数 α_1 至少在 10% 统计水平上显著"，2 表示"回归系数 α_1 至少在 5% 统计水平上显著"，3 表示"回归系数 α_1 至少在 1% 统计水平上显著"。hy_L_new 的取值规则同上，数值越大表示该行业劳动者获得的集聚经济效应越显著。由于被解释变量均为排序变量，本部分采用有序 Probit 模型进行分析。从表 4-10 的回归结果可以发现，农村劳动力更倾向于进入金融外部性敏感型行业就业，而城镇劳动力在技术外部性敏感型行业就业具有显著优势，回归系数均在 1% 统计水平上显著。这证实户口类型通过行业准入影响集聚经济工资溢价效应分享的结论是可靠的。

表 4-10　　　　　　　　　基于有序 Probit 模型的拓展性分析

变量	hy_mp_new				hy_L_new			
	（1）	（2）	（3）	（4）	（5）	（6）	（7）	（8）
hukou	0.906 ***	0.647 ***	0.169 ***	0.170 ***	− 0.412 ***	− 0.239 ***	− 0.174 ***	− 0.201 ***
	(0.018)	(0.022)	(0.037)	(0.039)	(0.017)	(0.019)	(0.031)	(0.033)
劳动力特征	否	否	是	是	否	否	是	是
城市特征	否	是	否	是	否	是	否	是
*Cut*1	0.986 ***	− 8.539 ***	6.429	4.475	− 0.068 ***	1.871 ***	− 0.671 ***	− 2.363 ***
	(0.011)	(0.514)	(118.373)	(117.207)	(0.009)	(0.336)	(0.143)	(0.458)
*Cut*2	1.139 ***	− 8.376 ***	6.652	4.662	0.041 ***	1.990 ***	− 0.548 ***	− 2.234 ***
	(0.012)	(0.514)	(118.373)	(117.207)	(0.009)	(0.336)	(0.143)	(0.458)
*Cut*2	1.210 ***	− 8.283 ***	6.761	4.773	0.173 ***	2.113 ***	0.399 ***	− 2.101 ***
	(0.012)	(0.514)	(118.373)	(117.207)	(0.009)	(0.336)	(0.143)	(0.458)
Observations	24511	23205	24481	23176	24511	23205	24481	23176
*LR chi*2(1)	2406.22	7966.80	10929.83	10606.06	569.12	2089.93	4006.86	4083.96
*Prob > chi*2	0.0000	0.0000	0.0000	0.0000	0.0000	0.0000	0.0000	0.0000
Pseudo R^2	0.0672	0.2356	0.3059	0.3141	0.0117	0.0459	0.0825	0.0898
Log likelihood	− 16690	− 12926	− 12399	− 11580	− 24039	− 21732	− 22281	− 20698

注：括号内数字为标准误，*** 表示回归系数在 1% 的水平上显著。

第六节　本章小结

本章综合利用 2002 年、2007 年和 2013 年中国家庭收入调查（CHIP）数据，同时匹配城市经济特征数据，论证了不同类型的集聚经济外部性对于农村劳动力工资溢价的影响，从而揭示出中国城市人口增长特征形成的微观机制。主要结论有：第一，集聚经济影响工资溢价的机制分别为接近大市场的金融外部性和接近大城市技术外部性，农村外出劳动力均受益于这两种集聚经济。第二，相比于城镇劳动力，农村劳动力获得了更多的金融外部性工资溢价，更少的技术外部性工资溢价。第三，户籍身份通过行业就业影响农村劳动力的城市集聚经济效应分享，在阻碍农村劳动力进入技术外部性敏感型行业就业的同时，激励其进入金融外部性敏感型行业就业。

上述研究结论很好地解释了中国城市人口增长的特征。首先，农村外出劳动力能够从大城市提供的技术外部性中获益，因此，大城市会吸引更多的外来农村人口。其次，大市场能够在更高的水平上促进农村劳动力工资增长，所以现实中，农村劳动力还有显著的向大市场集聚的趋势。最后，相比于城镇劳动力，农村劳动力在技术外部性敏感型行业就业的机会更少，但在金融外部性敏感型行业就业的机会更多。在户籍人口城镇化率仍然不足 50% 的背景下，进一步推进户籍制度改革，大城市人口还有进一步增长的潜力。

城市发展要求人口集聚与空间扩张相协调。改革开放以来的城市人口增长主要发生在大城市和大市场地区，而且根据世界城市化发展的一般规律，未来一段时间仍将发生在这一地区，这必然扩张大城市和大市场地区的建设用地需求。那么一个具有紧密逻辑关联的议题是：中国城市建设用地指标的配置是否偏向了大城市和大市场？

| 第二部分 |

计划指标管控下的建设用地供给

第五章 中国逆人口集聚方向的
建设用地指标配置

城市建设用地供给被认为是地方政府土地开发的结果（周飞舟，2006；陶然等，2009；周飞舟，2010；Li and Kung，2015）。但更深入的研究发现，决定城市建设用地供给的终极因素是掌握在各级政府手里的建设用地指标（陆铭，2011；周飞舟和谭明智，2014；周其仁，2018；尹兴民等，2022）。这样一来，城市建设用地供给和建设用地指标之间存在逻辑关联，具体来说是一种激励与制约的辩证关系。一方面，因关乎经济发展和财政收入，地方政府有强大激励进行城市土地开发；另一方面，为了维护公共利益（如粮食安全、生态环境），中央政府设计了一套城市建设用地指标配置制度，对地方政府的城市土地开发进行制约。在这一制度背景下，只有理解了城市建设用地指标的配置逻辑，才能揭开城市建设用地供给的面纱，进而才能对中国城市发展中的建设用地配置是否适应城市人口增长的特征，以及受该模式影响的城市发展效率作出评价。

本章研究了建设用地指标"地区配置"的激励和约束机制。作为中央政府的代理人和下级政府的委托人，省级政府在指标的地区配置上具有主导权，其需要解决的问题是如何在地区间平衡指标配置的收益和成本。单从效率角度看，向大城市和大市场地区配置更多的指标有助于促进城市人口增长，推进城市化，但建设用地指标还被当作促进区域平衡发展的手段使用，基于这一价值取向，指标的地区配置会偏向欠发达地区。本章构建模型揭示了建设用地指标地区配置所遵循的原则，并通过手工搜集各级政府的土地利用总体规划，借助其中的城乡建设用地指标数据进行实证研究，发现了一个逆人口集聚方向的城市建设用地指标配置模式。

第一节　中国城市建设用地指标配置的
激励与约束机制

一、城市建设用地供给的激励机制

地方政府官员晋升是城市土地开发的基础动力。许（Xu，2011）使用"向地方分权的威权制度"来解释改革开放以来我国经济的高速增长及其存在的问题。该理论承接了蒂伯特竞争（Tiebout，1956）、早期的财政联邦制（Oates，1972），以及"保护市场的财政联邦主义"（Montinola et al.，1995；Qian and Weingast，1997）的"分权治理"传统，认为权力的下放不仅能够提高公共管理效率，还激发了地方政府努力发展经济的积极性。相关实证研究显示，这一制度设计之所以具有显著的增长效应，关键在于其将官员的晋升机会与地方经济发展表现（Li and Zhou，2005）或向中央政府贡献的财政收入（Lu and Landry，2014）联系起来。周黎安（2017）发现，地方政府官员越年轻，城市的发展越是倾向于"向外扩张"，因为年轻官员更希望借助 GDP 和财税指标在竞争中胜出。而随着工业化和城市化的推进，城市土地开发，特别是工业用地出让成为地方政府促进 GDP 增长，增加向中央贡献财政收入的重要手段。

财政激励是城市土地开发的直接动力。20 世纪 90 年代中期的分税制改革重塑了地方政府发展经济的手段，导致工业化的重心从乡村转向城市，城市土地开发由此被推上前台。在分税制改革前，地方政府可以从财政承包制中直接分享经济发展的成果，从而引起了地方政府亲自兴办企业（主要是乡镇企业）的积极性（Oi，1992）。但随着 1994 年以"财政集权"为特征的分税制改革，主要财权被上收中央，地方政府从经济发展中分享收入的能力下降，地方政府兴办企业的激励下降，助推工业化从乡村转向城市（陶然等，2009）。同时由于分税制改革并未就财政支出责任在中央和地方之间作新的安排，地方财政由此出现了大规模的支出缺口。在中央政府的转移支付无助于缓解地方财政压力的条件下，置身于激烈竞争中的地方政府需要另想办法，一个可行的出路还是城市土地开发。有研究认为，城市土地开发确是分税制改革的必然结果（Li and Kung，2015）。

城市土地开发之所以能为地方政府依赖，还在于《土地管理法》对土地出让收入在中央和地方之间分成比例的规定。在 1998 年《土地管理法》修订过程中，新增建设用地有偿使用费从最初的全部上缴中央，到最终在中央和地方之间三七分成，充分体现了中央和地方对附着在城市土地上的财政资源的激烈竞争（张清勇，2006）。也正是土地出让收益的大部分被《土地管理法》赋予了地方政府，再加上其在一级土地市场上的垄断地位，使得地方政府借助城市土地开发进行经济建设成为可能。随着房价地价飞涨，土地出让收入，特别是商住用地的出让收入，已成为地方财政收入的重要来源。

总结现有文献可以发现，地方政府城市土地开发的激励包括两个方面：一是通过工业用地开发，助推地方 GDP 和财税收入增长，提升政治晋升概率；二是通过住宅用地开发，增加地方财政收入，弥补支出缺口。在如何看待地方政府城市土地开发行为这一问题上，有两个大的前提：一是随着工业化和城市化的推进，城市空间扩张有其必然性；二是城市土地开发在促进地方经济发展，保障地方财力上有重要作用。在这种情况下，中央政府倾向于、也应当授予地方政府适度的土地开发权力。

二、城市建设用地供给的约束机制

尽管地方政府有城市土地开发的激励，且中央政府也认可土地开发的必要性，但这并不意味着地方政府的土地开发不受节制。原因有二：一是在产权不甚明晰的条件下，过度的土地开发易于引发社会不稳定；二是过度的土地开发有损国家粮食安全战略。因此在大量的官方文件中，均能找到"为了守住耕地保护红线和粮食安全底线，我国实施最严格的耕地保护和节约用地制度"的条款。这一指导思想在整体上对城市土地开发形成制约，而具体的制度设计则体现在《土地管理法》第三章《土地利用总体规划》里，这包括了三个方面的内容：一是使用土地利用总体规划对规划期内城市建设用地总量、耕地保有量进行控制；二是使用土地利用年度计划控制每年的新增建设用地规模；三是实施占用耕地补偿制度，确保占用耕地与补充耕地平衡。

首先，土地利用总体规划对规划期内土地开发的总量进行限制。围绕"建设用地总量"和"耕地保有量"两个指标，中央要求"地方各级人民政府编制的土地利用总体规划中的建设用地总量不得超过上一级土地利用总体规划确定的控制指标，耕地保有量不得低于上一级土地利用总体规划确定的控制指标"。基于这一思路，一旦中央确定了全国建设用地总量的上限和耕地保有量的下限，基层区县政府在规划期内的土地开发规模随即被确定。

其次，在土地利用总体规划之下是土地利用年度计划。根据国土资源部颁布的《土地利用年度计划管理办法》，土地利用年度计划是指"国家对计划年度内新增建设用地量、土地整治补充耕地量和耕地保有量的具体安排。"其中涉及的核心指标是"新增建设用地计划"，且该指标同样实行从中央到地方的指令性管理，从而对地方政府每年的土地开发规模形成直接制约。

最后，占用耕地补偿制度是守住耕地保护红线的针对性措施。它要求即便非农建设经批准可以占用耕地，也要按照"占多少，垦多少"的原则，由占用耕地的单位负责开垦与所占数量和质量相当的耕地；没有条件开垦或者开垦的耕地不符合要求的，应当按照省、自治区、直辖市的规定缴纳耕地开垦费，专款用于开垦新的耕地。

到目前为止，我国共实施了两轮土地利用总体规划：第一轮土地利用总体规划的规划期为1997～2010年，第二轮土地利用总体规划的规划期为2006～2020年。以第二轮土地利用总体规划为例，首要的目标是守住18亿亩耕地保护红线，到2010年和2020年，耕地保有量分别为18.18亿亩和18.05亿亩。其次是划定建设用地增量，2006～2010年和2020年，全国新增建设用地2925万亩和8775万亩。最后，为了保证耕地面积不减少，全国土地利用总体规划确定了各省在2006～2020年的补充耕地规模，以确保新增建设占用耕地与补充耕地之间的平衡（国土资源部，2008）。

具体到每一年的则是土地利用年度计划，核心是每年全国的新增建设用地指标及其分解，具体流程是：国土资源部先行制定某年的全国土地利用年度计划，将年度建设用地指标等分解到各省，再经各省国土资源厅分解下达到各市、县。以2017年为例，当年全国建设用地计划指标为780万亩，其中分给江苏省46.98万亩，江苏省则进一步将其中的2800亩分配给了江阴市。①

《土地管理法》第二十条规定，"县级土地利用总体规划应当划分土地利用区，明确土地用途"。地方政府在制定土地利用年度计划时，也被要求"在计划期内对国有建设用地供应的总量、结构等作出科学

---

① 具体细节参见"江苏省国土资源厅关于下达2017年全省土地利用计划的通知"，http://www.jsmlr.gov.cn/gtxxgk/nrglIndex.action?type=2&messageID=2c9082546000f1f201600aba968a01e5。

的安排"。① 这样一来，一个"两阶段、双重主体、不同内容"的配置过程便呈现出来：在第一个阶段，中央政府经由其省级代理人，将全国建设用地指标总量分解到各个区县，这是一个城市建设用地指标的地区配置过程；在第二个阶段，区县政府进一步将省级政府下达的指标在不同的用途（主要是工业用途和居住用途）之间进行配置。一些官方文件，如《江苏省国土资源厅关于下达 2017 年全省土地利用计划的通知》，则为本章关于"两阶段城市建设用地指标配置过程"的判断提供了直接证据。随着我国市场化进程的推进，借助指标控制的计划管理模式已不多见，城市建设用地供给是其中之一。另一个能够与此比照的是全国高校招生计划管理模式。② 与土地供给的指标管理类似，高校招生计划管理实际上也遵循了一个"两阶段、双重主体、不同内容"的配置过程。在第一个阶段，教育部经各省教育厅将招生计划指标下达到各高校，这类比于土地指标的地区配置；在第二阶段，各高校将指标在各专业之间配置，这类比于土地指标的用途配置。本章将这种独特的两阶段指标配置过程概括为"省级政府对指标的地区配置"和"区县政府对指标的用途配置"。

三、中国城市建设用地指标配置的过程

中央寄希望于使用指标约束地方政府的土地开发行为，但从 2016 年各省的土地利用总体规划纲要调整方案来看，③ 规划的各项指标均被突破，这表明指标的约束力是相对的。④ 原因在于：在约束城市土地开发、守住耕地保护红线的同时，中央指标同时还执行相应的激励功能（谭明智，2014）。然而关于这一激励功能的具体指向，还没有文献展开讨论。笔者认为，地方政府进行城市土地开发的主要激励是：有限的总量建设用

① 见《国有建设用地供应计划编制规范》总则第一条，具体的用地结构是商服用地、工矿仓储用地、住宅用地、公共管理与公共服务用地、特殊用地、水域及水利设施用地、交通运输用地等各类型用地的比例关系，http://www.jsmlr.gov.cn/gtxxgk/nrglIndex.action? type = 2&messageID = 8a90825440beba390140c2bc53536f3d。

② "教育部关于做好 2017 年普通高等教育招生计划编制和管理工作的通知"，http://www.moe.gov.cn/srcsite/A03/s180/s3011/201705/t20170510_304229.html。

③ 2016 年全国各级政府均启动了土地利用总体规划方案的调整工作，见各地区国土资源部门网站，以及《国土资源部关于印发全国土地利用总体规划纲要（2006～2020 年）调整方案的通知》，http://g.mnr.gov.cn/201701/t20170123_1430069.html。

④ 以江苏省为例，到 2020 年，新增建设用地规模从 27.24 万公顷调整到 51.92 万公顷，增长 90.6%，新增建设占用耕地规模从 17.46 万公顷调整为 25.76 万公顷，增长 47.5%。资料来源：国土资源部关于江苏省土地利用总体规划（2006 – 2020 年）有关指标调整的函，http://www.mlr.gov.cn/zwgk/ghjh/201706/t20170630_1523294.htm；江苏省土地利用总体规划 2006 – 2020，http://www.jsmlr.gov.cn/gtxxgk/nrglIndex.action? type = 2&messageID = 8a90825440beba390140c2b9d93a6ec9。

地指标如何在工业用途和居住用途之间分配，以实现财政收入的最大化。由于工业用地出让是推动税基增长的重要手段，地方政府有增加工业用地指标的激励。以上海市 2016 年土地利用计划为例，当年新增建设用地 1350 公顷，其中工业仓储用地 450～550 公顷，即便下限也达到了 1/3。①与此同时，居住用地的配置比例则明显不足。在我国三大都市圈的核心城市，住宅用地占建设用地的比重长期在 25% 以下，而发达国家一般都在 40% 以上。由于总量建设用地指标有限，工业用地指标的过度配置必然导致居住用地指标受到挤压，这是决定我国城市居住用地供给的逻辑之一。

然而，居住用地供给并不是由区县政府单一的用途配置决定，它还与省级政府配置的建设用地指标总量有关，而这又遵循着什么样的逻辑？对省级政府来说，其财政收入主要来自区县政府的贡献，因此，在借助工业用地指标配置实现财政收入最大化这一点上，省级政府和区县政府是激励相容的。不同的是：省级政府可能并不是像基层区县政府那样简单自立。因为在现实中，省级政府承上启下，首先承担了中央政府代理人的角色，有责任贯彻落实中央政策意图。

无论是《全国土地利用总体规划纲要（2006－2020）》的编制，还是最新的《市级国土空间总体规划》的编制，建设用地指标都被中央政府作为支持区域平衡发展战略的政策工具使用。在《全国土地利用总体规划纲要（2006－2020）》的第六章《统筹区域土地利用》中，中央在中西部地区作出了"增加城乡建设用地面积""支持少数民族地区和边疆地区发展""支持中部崛起"的决定。但在沿海地区，则"严格控制城镇和工业用地外延扩张"。2019 年，自然资源部实行了"多规合一"政策，启动了新一轮的国土空间规划编制工作。② 在 2020 年下发的《市级国土空间总体规划编制指南（试行）》（以下简称《指南》）中，建设用地指标仍旧作为支持区域平衡发展的重要政策工具。以《指南》中对"城镇弹性发展区"的划定为例，随着城市规模的提高，弹性发展区面积占比从 300 万人以下城市的 15% 下降到 1000 万人以上城市的 3%。这种对更小规模城市空间扩张的支持仍然是新的国土空间规划的基本原则，体现了平衡发展的

---

① 上海市规划和国土资源管理局 2016 年土地供应计划，http：//www. shgtj. gov. cn/tdgl/tdgy/201605/t20160525_685283. html。

② 最新的政策要求各地不再新编和报批主体功能区规划、土地利用总体规划、城镇体系规划、城市（镇）总体规划、海洋功能区划等，而应按照新的规划编制要求，统一编制国土空间规划。参见"自然资源部关于全面开展国土空间规划工作的通知"，http：//gi. mnr. gov. cn/201905/t20190530_2439129. html。

思想。但是，平衡发展战略可能以牺牲效率为代价。根据《指南》的定义，"弹性发展区"指的是"为应对城镇发展的不确定性，在城镇集中建设区外划定的地域空间"。一般情况下，规模越大的城市发展的不确定性越大，对弹性发展区的需求越大，但规划没有顺应这一需求。

这样一来，整体的指标配置便是一个"两个阶段、双重主体、不同内容"的动态决策过程：省级政府先行决定建设用地指标的地区分配，区县政府跟进决定建设用地指标的用途配置，进而决定两级政府的效用水平。在第一个阶段的地区配置上，追求的区域平衡发展的原则，但在第二个阶段的用途配置上，追求的是效率优先原则，以地方财政收入最大化为主要目标。

第二节　中国城市建设用地指标的地区配置模型

一、理论框架

假设省级政府需要将中央下达的 S 单位的新增建设用地指标在地区 1 和地区 2 间分配。作为中央的代理人，假设省级政府在指标配给上以最大化中央财政收入和最有效地推进人口城市化为目标。故将效用函数设定为：$U = U(T_1, C_1; T_2, C_2)$，面临的约束是 $S_1 + S_2 = S$。两个地区的财政收入增长（T_1 和 T_2）和人口城市化（C_1 和 C_2）是城市新增建设用地指标投放量（S_1 和 S_2）的函数，假设 $T_i = T_i(S_i)$，$C_i = C_i(S_i)$。同时假设 $T_i'(S_i) > 0, T_i''(S_i) < 0; C_i'(S_i) > 0, C_i''(S_i) < 0 (i = 1, 2)$，即对于某一地区而言，增加城市建设用地指标投放会带来更多的税收收入增长，并推进人口城市化，但这种促进作用是边际递减的。最优的新增建设用地指标的地区配置（S_1^*, S_2^*）应满足以下条件：

$$U_{T1} \cdot T_1'(S_1^*) + U_{C1} \cdot C_1'(S_1^*) = U_{T2} \cdot T_2'(S_2^*) + U_{C2} \cdot C_2'(S_2^*)$$

(5.1)

记 $U_{T1} = U_{T2} = \alpha$ 为税收偏好。假设这一偏好在地区间无差异，即省级政府并不会对某个特定地区贡献的税收收入有更强的偏好。类似地，记 $U_{C1} = U_{C2} = \beta$ 为城市化偏好。同样假设这一偏好在地区间无差异。[1] 由此

---

① 不过在区域平衡发展战略下，推进中小城市发展的就地城市化被中央政府倡导，在这种情况下中小城市的城市化进程可能更被偏好，这是左右建设用地指标投向的重要机制。

将式（5.1）简化为：

$$\alpha \cdot T_1'(S_1^*) + \beta \cdot C_1'(S_1^*) = \alpha \cdot T_2'(S_2^*) + \beta \cdot C_2'(S_2^*) \qquad (5.2)$$

均衡条件表明：指标投放的税收效应和城市化效应在经过偏好加权加总后在两个地区间应该相等。图 5 – 1 更为清晰地展示了指标的地区配置过程。从最简单的情形出发，考察省级政府只关心指标投放带来的税收效应，而无视指标投放的城市化效应，此时 $\alpha > 0$，$\beta = 0$，式（5.2）退化为 $\alpha \cdot T_1'(S_1^*) = \alpha \cdot T_2'(S_2^*)$。在图 5 – 1 中，$\alpha \cdot T_1'$ 线和 $\alpha \cdot T_2'$ 线的斜率均为负，表示指标配给的税收效应边际递减，二者交点 E_1 为均衡点，此时地区 1 获得 S_1^* 单位的指标，地区 2 获得 S_2^* 单位的指标。由于两条曲线的斜率不同，指标配给在地区间并不均等，$S_1^* > S_2^*$。可以发现：如果某地区指标投放的边际税收效应曲线（$\alpha \cdot T'$ 线）递减得更为缓慢，则会获得更多的指标。在现实中，指标配给的税收效应曲线递减得缓慢，意味着增加指标供给并不会带来明显的增税效应的减少，这往往对应于一些工业基础较好的地区。而在工业基础较差的地区，增加指标配给会带来明显的增税效应的下降。因此，在指标总量有限的情况下，省级政府倾向于向那样一些拥有更大规模市场、工业基础更好、税收效应曲线递减缓慢的地区配给更多的指标。

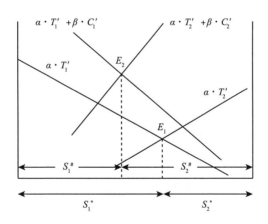

图 5 – 1　建设用地指标的地区配置

当然，作为中央政府的代理人，省级政府应不折不扣地贯彻中央意图，因此在指标投放问题上，应充分考虑指标投放对人口城市化的贡献。此时，不仅有 $\alpha > 0$，还有 $\beta > 0$，均衡条件由式（5.2）决定。在图 5 – 1 中，新的均衡点位于 $\alpha \cdot T_1' + \beta \cdot C_1'$ 线和 $\alpha \cdot T_2' + \beta \cdot C_2'$ 线的交点 E_2，地区 1 获得 $S_1^\#$ 单位的指标，地区 2 获得 $S_2^\#$ 单位的指标，且 $S_1^\# < S_2^\#$。指标的地

区分配之所以出现了反转，是因为指标投放带来的城市化效应在地区间显著不同。在地区 2 增加指标投放带来的城市化效应明显大于地区 1（$\beta \cdot C'_2 > \beta \cdot C'_1$），从而提高了分配给地区 2 指标。基于城市经济学理论，大城市因规模经济具有更强的人口集聚能力（陆铭等，2012），如果地区 2 是大城市的代表，那么向其增加建设用地指标投放，能够在更大程度上推进人口城市化。

基于以上分析，将城市建设用地指标的地区配置逻辑总结如下：作为中央政府的代理人，省级政府根据指标投放的税收效应和城市化效应在区县间配给新增建设用地指标，那些税收贡献能力强和（或）城市化前景好的地区将会分配到更多的指标。这里隐含了两个假设，其成立与否会对结论产生影响。首先，省厅政府是否真的有城市化偏好（即 β 是否真的大于 0）？尽管中央政府提出要按照人口流动情况分配建设用地指标，但具体的激励机制似乎尚未建立，这使得省厅政府在指标分配时，可能仅关心土地供给的税收贡献，而忽视土地供给对城市化的促进作用，致使最终的配置结果为（S_1^*, S_2^*），而非（$S_1^\#, S_2^\#$）。

其次，省厅政府的地区发展偏好和城市化偏好是否在地区间无差异？尽管大城市具有更强的人口集聚能力，但中小城市偏好似乎已成为"传统"。如果省厅政府在指标配给上偏向中小城市，那么具有更强人口集聚能力的大城市难以获得应有的指标。① 在这种情况下，城市建设用地指标的投向就有可能和人口集聚的方向不一致。在地区经济发展和税收贡献方面，由于强调区域平衡发展原则，欠发达地区一单位的收入增长被赋予了更大的偏好权重，在这种情况下，建设用地指标的配置会向中西部地区倾斜。而总量指标又是固定的，如果向中西部地区倾斜，必然会压缩东部地区的建设用地指标。

二、模型解析

将省级政府的效用函数定义为：

$$U = \left\{ \sum U_i^\rho \right\}^{1/\rho} = \left\{ \sum \left[\Delta T_i^\lambda \cdot \Delta N_i^{1-\lambda} \right]^\rho \right\}^{1/\rho} \tag{5.3}$$

式（5.3）显示出：当省级政府向第 i 个区县投放 ΔL_i 的建设用地指标时，其从中得到的效用是 $U_i = \Delta T_i^\lambda \Delta N_i^{1-\lambda}$ 的效用，ΔT_i 为税收增长，ΔN_i 为城

---

① 在图 5 - 1 中，尽管 $C'_2 > C'_1$，但若省级政府赋予 C'_2 一个更小的偏好系数，地区 2 还是难以获得更多的指标。

市人口增长，λ 和 $1 - \lambda$ 为省级政府对税收和城市化的相对偏好，$0 < \lambda < 1$。假设一省内有 n 个区县，进行 CES 偏好加总，便得到式（5.3）。根据效用函数的形式，$\dfrac{1}{1 - \rho}$ 为不同区县 U_i 之间的替代弹性（$0 < \rho \leqslant 1$）。当 $\rho = 1$ 时，不同的 U_i 完全替代。

城市人口增长也有治理成本，出于对区域平衡发展的考虑，不同规模城市贡献的税收在政府效用函数中的地位也不相同。但式（5.3）的效用函数并没有考虑这一现实情况。为此，在模型中引入一个折扣系数 σ，并定义 $\sigma = N_i^{-\xi}$，N_i 为城市的初始规模，$\xi \geqslant 0$，为城市规模厌恶和区域平衡发展取向系数，代表着城市规模带来的成本以及区域平衡发展的倾向程度。当该系数越大，更大规模的城市的税收和人口增长给政府带来的效用增加越小。此时，完整的效用函数写作：

$$U = \left\{ \sum U_i^\rho \right\}^{1/\rho} = \left\{ \sum \left[\Delta T_i^\lambda \cdot \Delta N_i^{1-\lambda} \cdot N_i^{-\xi} \right]^\rho \right\}^{1/\rho} \qquad (5.4)$$

将城市人口增长函数定义为：$\Delta N_i = N_i^\in \cdot \Delta l_{H_i}^\epsilon = N_i^\in \cdot (\Phi_i \Delta l_i)^\epsilon$。其中，人均居住用地供给（$\Delta l_{H_i}$）等于居住用地占比（$\Phi_i$）乘以人均建设用地供给（$\Delta l_i$），$\in$ 代表着城市规模的人口集聚弹性，ϵ 代表着土地供给的人口集聚弹性。由于人均建设用地供给（Δl_i）又等于总量建设用地供给（ΔL_i）除以人口（N_i），即 $\Delta l_i = \Delta L_i / N_i$，所以有 $\Delta N_i = N_i^{\in - \epsilon} \cdot (\Phi_i \Delta L_i)^\epsilon$。模型中，$\Delta L_i$ 通过降低房价促进城市人口增长，故有 $\epsilon > 0$。[①] 该函数表明：城市人口增长取决于城市规模、省级政府配给的建设用地指标总量、区县政府配置的居住用地比例三个因素。

同时将税收增长函数定义为：$\Delta T_i = MT_i \cdot (1 - \Phi_i) \Delta L_i = MT_i \cdot (1 - \Phi_i) \Delta L_i$，其中，$1 - \Phi_i$ 是区县工业用地配置比例。将上述城市人口增长函数和税收增长函数代入省级政府的效用函数，在 $\sum \Delta L_i = \Delta L$ 的约束下最大化效用函数 U（ΔL 为中央下达给省的建设用地指标总量），具体过程如下：

因为有：$\Delta T_i = MT_i \cdot (1 - \Phi_i) \Delta L_i$

以及有：$\Delta N_i = N_i^{\in - \epsilon} \cdot (\Phi_i \Delta L_i)^\epsilon$

以及有：$U_i = \Delta T_i^\lambda \cdot \Delta N_i^{1-\lambda} \cdot \Delta N_i^{-\xi}$

所以有：

---

① 稍复杂的建模是进一步考虑拥挤成本，将 ϵ 定义为 $\epsilon_1 + \epsilon_2$，ϵ_1 是土地供给通过降低房价促进城市人口增长的弹性系数，ϵ_2 是土地供给通过疏解拥堵促进城市人口增长的弹性系数。这样 ϵ_2 越大接下来的式（5.7）中城市规模影响指标分配的弹性系数越大。

$$U = \left(\sum U_i^\rho \right)^{1/\rho} = \left[\sum \left(\Delta T_i^\lambda \cdot \Delta N_i^{1-\lambda} \cdot \Delta N_i^{-\xi} \right)^\rho \right]^{1/\rho}$$

$$= \left[\sum MT_i^{\lambda\rho} (1 - \Phi_i)^{\lambda\rho} \cdot N_i^{[(1-\lambda)(\in -\epsilon)-\xi]\rho} \Phi_i^{(1-\lambda)\epsilon\rho} \Delta L_i^{\lambda\rho+(1-\lambda)\epsilon\rho} \right]^{1/\rho} \tag{5.5}$$

省级政府在 $\sum \Delta L_i = \Delta L$ 的约束下最大化效用函数 U。构造如下的拉氏函数：

$$\mathcal{L} = \left[\sum MT_i^{\lambda\rho} (1 - \Phi_i)^{\lambda\rho} N_i^{[(1-\lambda)(\in -\epsilon)-\xi]\rho} \Phi^{(1-\lambda)\epsilon\rho_i} \Delta L_i^{\lambda\rho+(1-\lambda)\epsilon\rho} \right]^{1/\rho}$$

$$+ \omega \cdot \left(\Delta L - \sum \Delta_i \right) \tag{5.6}$$

分别对区县 i 和区县 j 求一阶导数并令其为 0：

$$\frac{\partial \mathcal{L}}{\partial \Delta L_i} = \frac{1}{\rho} \cdot [A]^{\frac{1}{\rho}-1} \cdot MT_i^{\lambda\rho} (1 - \Phi_i)^{\lambda\rho} N_i^{[(1-\lambda)(\in -\epsilon)-\xi]\rho} \Phi_i^{(1-\lambda)\epsilon\rho} \cdot$$

$$[\lambda\rho + (1 - \lambda)\epsilon\rho] \cdot \Delta L_i^{[\lambda\rho+(1-\lambda)\epsilon\rho]-1} - \omega = 0 \tag{5.7}$$

$$\frac{\partial \mathcal{L}}{\partial \Delta L_j} = \frac{1}{\rho} \cdot [A]^{\frac{1}{\rho}-1} \cdot MT_j^{\lambda\rho} (1 - \Phi_j)^{\lambda\rho} N_j^{[(1-\lambda)(\in -\epsilon)-\xi]\rho} \Phi_j^{(1-\lambda)\epsilon\rho} \cdot$$

$$[\lambda\rho + (1 - \lambda)\epsilon\rho] \cdot \Delta L_j^{[\lambda\rho+(1-\lambda)\epsilon\rho]-1} - \omega = 0 \tag{5.8}$$

在式 (5.7) 和式 (5.8) 中，$[A] = \left[\sum MT_i^{\lambda\rho} (1 - \Phi_i)^{\lambda\rho} N_i^{[(1-\lambda)(\in -\epsilon)-\xi]\rho} \right.$
$\left. \Phi_i^{(1-\lambda)\epsilon\rho} \Delta L_i^{\lambda\rho+(1-\lambda)\epsilon\rho} \right]$。

综合式 (5.7) 和式 (5.8)，得到：

$$\left(\frac{MT_i}{MT_j} \right)^{\lambda\rho} \left(\frac{1-\Phi_i}{1-\Phi_j} \right)^{\lambda\rho} \left(\frac{N_i}{N_j} \right)^{[(1-\lambda)(\in -\epsilon)-\xi]\rho} \left(\frac{\Phi_i}{\Phi_j} \right)^{(1-\lambda)\epsilon\rho} \left(\frac{\Delta L_i}{\Delta L_j} \right)^{1-[\lambda\rho+(1-\lambda)\epsilon\rho]}$$

$$= \left(\frac{\Delta l_i}{\Delta l_j} \cdot \frac{N_i}{N_j} \right)^{1-[\lambda\rho+(1-\lambda)\epsilon\rho]} \tag{5.9}$$

两边取对数并整理得到：

$$\ln \left(\frac{\Delta l_i}{\Delta l_j} \right) = \frac{\lambda\rho}{1 - [\lambda\rho + (1 - \lambda)\epsilon\rho]} \cdot \ln \left(\frac{MT_i}{MT_j} \right)$$

$$+ \frac{\lambda\rho}{1 - [\lambda\rho + (1 - \lambda)\epsilon\rho]} \cdot \ln \left(\frac{1-\Phi_i}{1-\Phi_j} \right)$$

$$+ \frac{(1-\lambda)\epsilon\rho}{1 - [\lambda\rho + (1 - \lambda)\epsilon\rho]} \cdot \ln \left(\frac{\Phi_i}{\Phi_j} \right)$$

$$+ \frac{[(1-\lambda) \in + (\lambda - \xi)]\rho - 1}{1 - [\lambda\rho + (1-\lambda)\epsilon\rho]} \cdot \ln\left(\frac{N_i}{N_j}\right) \qquad (5.10)$$

其中，$i, j = 1, 2, \cdots, n$，且 $i \neq j$。Δl_i 是地区 i 获得的人均建设用地指标。MT 可理解为区县潜在的税收贡献能力，省级政府通过向区县投放建设用地指标来开发这一潜在的能力，不过具体的开发效果依赖于各个区县政府对指标的用途配置。

这样一来，$MT \cdot (1 - \Phi)$ 可理解为省级政府每单位建设用地指标投放所获得的税收贡献。由于对工业税收的追求是省级政府的重要目标，因此税收贡献能力越强的区县将被配给更多的人均建设用地指标。这样在理论上会有系数 $\dfrac{\lambda\rho}{1 - [\lambda\rho + (1-\lambda)\epsilon\rho]} > 0$，进而作出 $1 - [\lambda\rho + (1-\lambda)\epsilon\rho] > 0$ 的假设。

人均建设用地供给和城市规模之间的关系取决于 $\dfrac{[(1-\lambda) \in + (\lambda - \xi)]\rho - 1}{1 - [\lambda\rho + (1-\lambda)\epsilon\rho]}$ 的符号。由于分母 $1 - [\lambda\rho + (1-\lambda)\epsilon\rho] > 0$，故二者之间的关系取决于分子 $[(1-\lambda) \in + (\lambda - \xi)]\rho - 1$ 的符号。简单起见，假设省级政府对不同区县贡献的效用持无差异偏好，即一单位的 U_i 和一单位的 U_j 可以完全替代，故有 $\rho = 1$，此时分子简化为 $[(1-\lambda) \in + (\lambda - \xi)] - 1$。在这种情况下，当且仅当 $[(1-\lambda) \in + (\lambda - \xi)] > 1$ 时，即 $\xi < (1-\lambda)(\in - 1)$ 时，大城市才会获得更多的建设用地指标，省级政府的指标投放才会和人口集聚的方向一致。

给定 $1 - \lambda$，要使得 $\xi < (1-\lambda)(\in - 1)$ 成立，$\in$ 不能太小，ξ 不能过大。其含义是：受城市化激励的省级政府，只有当城市规模的人口集聚弹性 $\in$ 足够大，且（或）其持有的城市规模厌恶水平 ξ 足够小，使得 $\xi < (1-\lambda)(\in - 1)$ 成立时，大城市才会获得更多的指标。对处于快速城市化进程中的中国来说，大城市具有更强的人口集聚能力和更强的税收贡献能力。如果省级政府不存在对城市规模的厌恶（$\xi = 0$），城市建设用地指标的地区配置很容易与人口集聚的方向保持一致。但如果 ξ 很大，建设用地指标的地区配置便存在和人口集聚方向相反的可能性。这反映出在实际的指标配置过程中，省级政府会陷入两难境地：更有效的城市化和工业化推进方式是向大城市投放更多的指标，但由此带动的流动人口增长又提高了地方治理难度，两者相权才能决定指标配置的最终结果。那么在实践中，城市建设用地指标的地区配置情况如何？

第三节　大城市、大市场与建设用地指标地区配置实践

一、土地利用总体规划与建设用地指标的地区配置

在《全国土地利用总体规划纲要（2006－2020）》的第六章"统筹区域土地利用"中，中央政府根据各地的土地资源条件、土地利用现状、经济社会发展阶段以及区域发展战略定位的差异，将全国划分为九个土地利用区，明确了区域土地利用管理的重点，以指导各区域土地利用调控。该章的核心内容是对不同区域的年均新增建设用地设定不同的政策取向，具体总结于表5－1。

表5－1　　　　　　　　建设用地指标配置政策的地区差异

土地利用区序号	土地利用区	新增建设用地	政策目标
	西部地区	—	—
1	西北区	适当降低	—
2	西南区	适当增加	—
3	青藏区	适当增加	支持少数民族地区和边疆地区发展
4	东北地区	适度增加	—
	中部地区	适度增加	促进中部崛起
5	晋豫区	适当增加	—
6	湘鄂皖赣区	适当提高	—
	东部地区	降低	控制城镇和工业用地外延扩张
7	京津冀鲁区	降低	—
8	苏浙沪区	适度降低	—
9	闽粤琼区	从严控制	防止城乡建设用地无序蔓延

资料来源：《全国土地利用总体规划纲要（2006－2020）》第六章第一节。

从表5－1可见，在东北地区和中部地区，年均新增建设用地都要适度增加，在政策目标上，《规划》明确提到要促进中部崛起。西部地区的政策取向不明，西北区要求适当降低，但西南区和青藏区要适当增加，目的在于支持少数民族地区和边疆地区发展。而在东部地区，总体的政策目标是控制城镇和工业用地外延扩张，因此在长三角地区、珠三角地区和京津冀三大城市群，均要求适度降低人均新增建设用地规模。这样一来，2006～2020年中国城市建设用地指标的配置模式便与本书第二章至第四章

发现的城市增长特征不相容。因为中国人口是向沿海大城市和大市场地区集聚的，因此将中国的城市建设用地指标归纳为"逆人口集聚方向"的配置模式，这与陆铭等（2015）的研究中所总结出的"偏向中西部的土地供应"模式一致。从政策目标上来看，中央政府强调用建设用地指标支持边疆发展，促进中部崛起，因此在实践中，其被当作一种促进区域经济平衡发展的手段。

中央政府如何将其意图传递到地方政府？这需要对建设用地指标在各级政府之间的分配过程进行剖析。上一轮土地利用总体规划确定了2010～2020 年全国城乡建设用地的总规模。根据《全国土地利用总体规划纲要（2006-2020）》的数据，2010 年全国建设用地和城乡建设用地总规模分别为 3374 万公顷和 2248 万公顷，到 2020 年，二者只能增长到 3724万公顷和 2665 万公顷。这意味着从 2010～2020 年，全国建设用地总规模只能增长 350 万公顷，城乡建设用地总规模只能增长 417 万公顷。这即为 2010～2020 年全国新增建设用地指标的总量。在制定全国土地利用总体规划时，中央会将这一指标分解到各个省区。部分省区的指标规模列于表 5-2。以安徽省为例，2010 年安徽省建设用地和城乡建设用地总规模分别为 169 万公顷和 129.5 万公顷，到 2020 年，只能增长到180.26 万公顷和 136.16 万公顷。这四项数据与《安徽省土地利用总体规划（2006-2020）》中的数据完全一致，参见表 5-3。这说明，下级政府在制定土地利用总体规划时，城乡建设用地指标的确受到上级政府指标的制约。

表 5-2　　　　2010～2020 年全国及部分省份建设用地指标一览表　　　单位：万公顷

地区	2005 年规模	2010 年规模		2020 年规模	
	建设用地	建设用地	城乡建设用地	建设用地	城乡建设用地
全国	3192.24	3374	2248	3724	2665
北京	32.3	34.8	25.2	38.17	27
上海	24.01	25.9	23	29.81	26
安徽	162.18	169	129.5	180.26	136.16
河南	215.22	225.2	186	240.73	194
四川	156.22	165.09	137	181.28	148.58
新疆	122.07	128.5	76	149.4	85.3

表5-3   2010~2020年安徽省建设用地指标一览表

指标	2005年	2010年	2020年	指标属性
一、总量指标				
耕地保有量（万公顷）	573.46	571.8	569.33	约束性
基本农田保护面积（万公顷）	507.65	490.73	490.73	约束性
建设用地总规模（万公顷）	162.18	169	180.26	预期性
城乡建设用地规模（万公顷）	124.98	129.5	136.16	约束性
交通、水利及其他用地规模（万公顷）	37.2	39.5	44.1	预期性
二、增量指标				
新增建设用地总量（万公顷）	—	7.53	21.7	预期性
三、效率指标				
人均城镇工矿用地（平方米）	100.79	103	108	约束性

在省级土地利用总体规划之下的是地级市土地利用总体规划，详细规定了其下辖的市辖区和县（市）的建设用地规模。表5-4为安徽省下辖芜湖市在2005~2020年建设用地和城乡建设用地规模的增长情况，其中不仅规定了四个市辖区（镜湖区、鸠江区、弋江区和三山区）的相关指标，也规定了四个辖县（无为县、芜湖县、繁昌县和南陵县）的相关指标，全部芜湖市的建设用地指标则来自更高一级的安徽省的分配。由此，表5-2至表5-4，呈现的是一个从中央到省，再到地级市和区县的指标分配过程。

表5-4   2005~2020年芜湖市建设用地指标一览表   单位：公顷

地区	2005年规模		2020年规模	
	建设用地	城乡建设用地	建设用地	城乡建设用地
市区	24231.78	19716.51	37045.45	30069.26
镜湖区	2855.28	2541.07	3352.31	2823.82
鸠江区	13357.67	10792.18	21090.19	17223.04
弋江区	4164.21	3419.86	5375.92	4272.48
三山区	3854.62	2963.40	7227.03	5749.92
无为县	27880.23	21102.89	28993.86	22141.51
芜湖县	7649.06	6666.53	8970.52	6817.51
繁昌县	6819.70	5458.65	8851.92	6045.52
南陵县	11529.95	10215.80	12315.78	9957.39
合计	78110.72	63160.38	96177.53	75031.19

二、建设用地指标配置的计量模型

各级政府土地利用总体规划中建设用地指标的配置原则是本书的核心研究内容。根据第二章至第四章所得出的中国城市人口增长的特征，城乡建设用地指标的配置应遵循偏向大城市和大市场地区的原则。因为在快速城市化进程中，人口有向大城市和大市场地区集中的趋势，这提高了经济发展的效率。在人口持续向这一地区集聚的过程中，如果不同步增加建设用地供给，那么就会使得集聚不经济提前到来，提高城市发展成本，浪费城市发展中的规模经济效应。

为了研究城乡建设用地指标配置是否遵循了偏向大城市和大市场的原则，本小节首先对"大城市"进行定义。这里并不改变第二章和第三章对"大城市"进行定义时的数量标准，即城市人口规模 20 万人以下的为小城市，20 万 ~ 50 万人的为中等城市，50 万 ~ 100 万人的为大城市，100 万 ~ 300 万人的为特大城市，300 万人以上的为超大城市。不同的是，本章将在"中心城区"的基础上定义城市规模类型，将中心城区人口规模在50 万 ~ 100 万人的为大城市，在 100 万 ~ 300 万人的为特大城市，在300 万人以上的为超大城市。之所以要定义一个中心城区，是因为我们想借此考察中心城市人口规模越大的城市，其外围城区在 2010 ~ 2020年是否有一个更高水平的城乡建设用地指标配置。由于大城市集聚经济会吸引人口持续迁入，从而使得其拥挤效应过早到来。此时如果其外围城区有一个更高水平的建设用地指标配置，则有利于疏解中心城市的拥挤效应。

这样一来，问题的关键在于如何定义"中心城区"。我们选取两个标准：第一，它是地级城市的市辖区，而非辖县，这可通过行政区划代码的第 5 位和第 6 位识别；第二，由于在"县市改区"政策实施过程中，一些地级城市的市辖区实际上是县。由于我国的市辖区实质上是行政区域，而非经济功能上的中心城区。因此，我们只将人口密度超过 1500 人/平方千米的市辖区才定义为中心城区。这是"五普"市区的划定标准，参见国家统计局"统计上划分城乡的规定（试行）"。① 如图 5 - 2 所示，一个典型的地级市的空间结构可划分为：（1）人口密度在 1500 人/平方千米的中心

---

① 国家统计局"统计上划分城乡的规定（试行）"，http：// www. stats. gov. cn/tjsj/pcsj/rkpc/ 5rp/index. htm。

城区；（2）人口密度不足 1500 人/平方千米的外围城区；（3）外围的县和县级市。

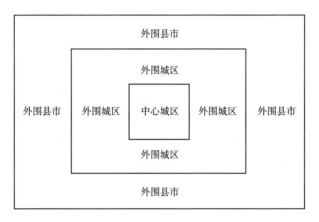

图 5 – 2　基于"中心城区"概念的地级城市的空间结构

在对"中心城区"进行了定义后，便可对中心城区的人口规模、人口密度、规模类型（小、中、大、特大和超大城市）、区位（长三角、珠三角和京津冀）等因素是否影响了城市建设用地指标的配置开展定量研究。为此，设定如下的计量经济学模型：

$$y_{ijkr} = \beta_0 + \beta_1 \cdot s_{ij} + \beta_2 \cdot d_{ij} + \beta_3 \cdot c_{ij} + \beta_4 \cdot m_{ir} + p_{ik} + \varepsilon_{ijk} \quad (5.11)$$

其中，y_{ijkr} 表示 r 地区 k 省 j 地级市下辖的城区（或县）i 在 2010～2020 年城乡建设用地指标的增长率。该增长决定于城区（或县）i 所属地级市 j 的中心城区人口规模（s_{ij}）和人口密度（d_{ij}）。当人口密度越大时，中心城区越拥挤，此时城区（或县）i 可能会有一个更高的指标增长率。除此之外，影响因素还包括了中心城区人口规模的类型（c_{ij}）。当城市化政策限制大城市发展时，外围城区会安排更少的建设用地指标。c_{ij} 使用小城市、中等城市、大城市、特大城市和超大城市虚拟变量度量。最后一个影响因素是城区（或县）i 所处的地区 r 的地埋区位 m_{ir}，它度量的是其所拥有的市场规模的大小，该变量使用长三角地区、珠三角地区和京津冀地区虚拟变量刻画。

三、数据来源与统计描述

2010 年和 2020 年建设用地指标数据采集于各个地级城市的土地利用总体规划。这一数据需要手工在互联网搜集，大多数地级市的土地利用总体规划公布在各地级市的自然资源局网站，具体位置是"政府信息公开"栏，为法定主动公开内容，无须申请即可获得。经手工检索后，我们获得了全国189个地级城市的1379个区县的建设用地指标数据。其中，获取152个中心城区建设用地指标样本，涉及76个地级市；外围城区338个样本，涉及151个地级城市；外围县市889个样本，涉及176个地级城市（见表5-5）。利用该数据，可以计算得到各级地方政府在制定土地利用总体规划时，各县级行政单位建设用地指标在2010～2020年的增长率，即模型（5.11）中的被解释变量y。全国平均水平显示，2010～2020年，中心城区城乡建设用地指标增长1239公顷，外围城区增长1173公顷，而外围县市增长465公顷。城乡建设用地指标增长在城市辖区最为显著。中心城区的城乡建设用地指标在2010～2020年增长得最多，表明我们样本中的中心城区还不够"中心"。为此，后面将人口密度提高到2000人/平方千米和3000人/平方千米的方式进行稳健性检验。

表5-5 建设用地指标的统计描述

地区	区县数量（个）	涉及地级市数量（个）	2010年城乡建设用地指标（公顷）	2020年城乡建设用地指标（公顷）	新增城乡建设用地指标（公顷）
中心城区	152	76	8193	9432	1239
外围城区	338	151	9912	11085	1173
外围县市	889	176	10532	10997	465

同时利用2010年"六普"数据获得区县的常住人口规模，并搜集区县行政区面积数据。据此计算各区县的人口密度，将人口密度超过1500人/平方千米的市辖区定义为中心城区，根据中心城区的人口规模将地级城市定义为小城市、中等城市、大城市、特大城市和超大城市。由此，模型（5.11）中的变量s、d和c便可度量。表5-6显示了2010年全国平均水平上的地级市人口的空间结构。其中，中心城区每个区的人口规模达到76.8万人，平均的人口密度8549.7人/平方千米；到了外围城区，每个区的人口规模便下降到36.9万人，人口密度不足中心城区的1/10，为815人/平方千米；再到外围的县市，人口规模和人口密度进一步下降。由于人口规模和人口密度是经济集聚能力的体现，因此从中心城区到外围县市，人口的集聚能力呈阶梯下降趋势，这与现实观察保持一致。

表 5 - 6

地区	人口规模（万人）	人口密度（人/平方千米）
中心城区	76.8	8549.7
外围城区	36.9	815.0
外围县市	18.9	137.3

表 5 - 6 　　　　　　　　　　　**2010 年地级市人口的空间结构**

四、实证分析结果

（一）基于外围城区的分析

在快速的城市化进程中，城市空间的扩张主要表现为外围城区城市建成区面积的扩大，因此对外围城区建设用地指标配置的分析符合城市发展的一般特征。为此，我们首先展开对外围城区的分析，使用外围 338 个城区样本对模型（5.11）进行估计，回归结果如表 5 - 7 所示。结果 1 仅考察中心城区人口规模和人口密度的影响，结果显示城区人口规模越大，人口密度越高，外围城区城乡建设用地指标的增长率并不显著更高。因为中心城区人口规模和人口密度是集聚经济的重要度量指标，因此各级政府在制定土地利用总体规划时，外围城区建设用地指标的安排并未照顾到中心城区的发展需求。

表 5 - 7 　　**2010 ~ 2020 年外围城区城乡建设用地指标增长率的回归结果**

解释变量	结果 1	结果 2	结果 3	结果 4
中心城区人口规模	1.378 (2.441)	-0.808 (4.226)	1.378 (2.441)	-0.808 (4.226)
中心城区人口密度	6.696 (24.37)	2.293 (24.75)	6.696 (24.37)	2.293 (24.75)
中等城市		4.583 (6.358)		4.583 (6.358)
大城市		9.896 (6.256)		9.896 (6.256)
特大城市		13.16 (8.761)		13.16 (8.761)
超大城市		13.20 (20.84)		13.20 (20.84)
长三角			-44.62 *** (12.97)	-43.37 *** (13.17)

解释变量	结果 1	结果 2	结果 3	结果 4
珠三角			-3.869 (11.57)	-0.966 (11.87)
京津冀			-27.65 (19.71)	-8.955 (26.42)
省虚拟变量	是	是	是	是
常数项	是	是	是	是
观测值	338	338	338	338
R^2	0.122	0.133	0.122	0.133

注: 括号内数字为标准误, *** 表示回归系数在 1% 的水平上显著。

结果 2 进一步控制了中心城区按人口规模划分的类型, 以小城市为参照。结果显示, 无论是大城市、特大城市还是超大城市, 外围城区建设用地指标的增长率都没有比小城市更多。这表明, 城市建设用地指标的增长在各个规模的城市间相对平衡, 并未表现出偏向大城市的特征。2010 年中国常住人口城市化率 49.68%, 处于快速发展过程中, 此时大城市的集聚经济效应还处于充分发挥阶段, 建设用地指标的投放应照顾到人口集聚的方向, 但现实并不是这样。

结果 3 是进一步控制了大市场因素对指标投放的影响, 以沿海三大城市群为主要考察对象。结果显示, 长三角地区城市的外围城区城乡建设用地指标增长率显著小于除三大城市群之外的其他地区。本书第三章的研究显示, 2000 年后, 长三角地区的跨省迁移人口占全国跨省迁移人口的 1/3, 显示了超强的人口集聚能力 (见表 3 - 7), 城市规模的增长因此显著高于全国其他城市。因此, 表 5 - 7 的回归结果显示的不是对大市场地区的偏向, 而是偏离。这一特征在珠三角地区和京津冀地区也存在, 尽管并不显著。在控制了城市规模类型后, 结论不变 (参见结果 4)。

我们比较了长三角地区和全国其他地区在 2010 年的人均城镇工矿用地面积。结果显示, 在长三角地区的城市, 2010 年外围城区人均城镇工矿用地面积为 145.7 平方米, 显著低于珠三角地区和京津冀地区的城市的平均水平, 也显著低于全国其他地区城市的平均水平。进一步考察中心城区人均城镇工矿用地面积, 发现长三角地区显著低于珠三角地区。尽管高于京津冀地区和全国其他地区, 但并未显著偏高。结合表 5 - 7 和表 5 - 8 的回归结果, 发现城乡建设用地指标的配置也未偏向大市场地区，而且，这一结果基本上并非因为大市场地区的人均城镇工矿用地面积已经很高。

表 5 - 8   2010 年城区人均工矿用地面积

地区	外围城区		中心城区	
	样本量（个）	面积（平方米/人）	样本量（个）	面积（平方米/人）
长三角	37	145.7	20	105.8
珠三角	10	187.9	8	146
京津冀	17	194.8	12	102.2
全国其他地区	163	169.6	73	101.6

（二）基于中心城区的分析

外围城区建设用地指标的配置没有偏向大城市和大市场地区，可能是因为指标配置在中心城市偏向了大城市和大市场。与表 5 - 9 的回归结果相比，除变量长三角的回归系数由显著为负变为不显著外，其他各变量的回归结果没有实质性变化。这表明城乡建设用地指标的配置在外围城区没有偏向大城市和大市场，并不是因为在中心城区偏向了大城市和大市场。在城镇化快速推进的周期，城乡建设用地指标的配置没有和经济集聚的方向相协调，将使得城镇建设用地供给与需求失衡，对城市的长期发展造成不利影响。

表 5 - 9   2010 ~ 2020 年中心城区城乡建设用地指标增长率的回归结果

解释变量	结果 1	结果 2	结果 3	结果 4
中心城区人口规模	0.0221 (0.984)	-0.0299 (1.366)	0.0221 (0.984)	-0.0299 (1.366)
中心城区人口密度	-7.477 (11.86)	-4.604 (12.18)	-7.477 (11.86)	-4.604 (12.18)
中等城市		-19.78 (12.39)		-19.78 (12.39)
大城市		-19.84 (12.95)		-19.84 (12.95)
特大城市		-19.16 (12.97)		-19.16 (12.97)
超大城市		-20.86 (14.03)		-20.86 (14.03)

解释变量	结果 1	结果 2	结果 3	结果 4
长三角			−4.379 (8.136)	−4.214 (8.311)
珠三角			−9.106 (6.776)	−8.604 (7.206)
京津冀			−12.43 (14.19)	−13.47 (14.83)
省虚拟变量	是	是	是	是
常数项	是	是	是	是
观测值	152	152	152	152
R^2	0.352	0.367	0.352	0.367

注：括号内数字为标准误。

（三）稳健性检验

前文中心城区和外围城区是基于市辖区人口密度是否超过 1500 人/平方千米划定的。如果这一标准偏低，将使得很多中心城区包含有大面积非建成区，从而对中心城区和外围城区的划定，以及实际的建设用地指标配置产生影响。表 5-5 的结果显示，中心城区在 2010~2020 年的建设用地指标也有显著增长，这从侧面反映出，前文样本尽管是根据官方标准划定的，但仍然使得中心城区不够"中心"，从而影响了"中心城区"和"外围城区"的划定，并可能导致前文的结论不可靠。为此，我们将中心城区的划定标准提高到 2000 人/平方千米和 3000 人/平方千米，回归结果如表5-10 所示。在收缩了中心城区的范围后，外围城区指标增长率在大城市和特大城市显著为正，但超大城市仍不显著为正。这样一来，前面结论基本不受中心城区划分标准的影响。因此，中国城乡建设用地指标的配置并未显示出偏向大城市和大市场地区的特征。

表 5-10　2010~2020 年城乡建设用地指标增长率的回归结果

解释变量	外围城区		中心城区	
	2000 人/平方千米的中心城区标准	3000 人/平方千米的中心城区标准	2000 人/平方千米的中心城区标准	3000 人/平方千米的中心城区标准
中心城区人口规模	−0.502 (3.942)	−1.454 (2.985)	0.304 (1.593)	1.246 (1.503)
中心城区人口密度	1.171 (22.64)	−1.091 (19.51)	−8.871 (14.73)	−8.209 (15.89)

解释变量	外围城区		中心城区	
	2000 人/平方千米的中心城区标准	3000 人/平方千米的中心城区标准	2000 人/平方千米的中心城区标准	3000 人/平方千米的中心城区标准
中等城市	4.845 (5.576)	4.891 (4.996)	2.338 (7.440)	15.36 * (8.318)
大城市	9.135 (5.737)	10.66 ** (4.913)	3.673 (7.755)	7.825 (8.190)
特大城市	12.15 (8.173)	15.69 ** (6.638)	3.727 (6.479)	8.840 (6.940)
超大城市	12.90 (19.70)	17.46 (15.39)		
长三角	−43.46 *** (12.29)	−38.60 *** (11.14)	−2.746 (9.719)	−8.248 (10.57)
珠三角	−2.266 (10.85)	−1.389 (9.865)	−5.624 (8.940)	−8.880 (9.827)
京津冀	−10.84 (24.93)	−1.661 (20.81)	−8.160 (16.51)	−12.86 (16.28)
省虚拟变量	是	是	是	是
常数项	是	是	是	是
观测值	365	411	125	79
R^2	0.134	0.133	0.367	0.399

注：括号内数字为标准误，***、**、* 分别表示回归系数在 1%、5% 和 10% 的水平上显著。

上面发现的城乡建设用地指标没有偏向大城市和大市场地区原因，与《全国土地利用总体规划纲要（2006-2020）》中的表述吻合。在《纲要》的第六章《统筹区域土地利用》的第一节"明确区域土地利用方向"中，将全国划分为西部地区、中部地区、东部地区等 9 个土地利用区，并对东部地区作了"降低年均新增建设用地规模，控制城镇和工业用地外延扩张"的要求。具体地，对于苏浙沪区（即长三角地区）作了"控制建设用地总量，适度降低人均城镇工矿用地面积"的要求，对闽粤琼区（珠三角、福建、海南）作了"从严控制珠江三角洲等城市密集地区新增建设用地规模，防止城乡建设用地无序蔓延"的要求。正是这种政策限制了大城市和大市场地区的新增建设用地规模，使得中国城市建设用地指标的配置呈现出"逆人口集聚方向"的特征。

第四节　本章小结

在已有的文献里，城市建设用地的供给被认为是晋升激励或财政激励下地方政府土地开发行为的结果。在实践中，强力激励下的城市土地开发威胁了耕地保护、粮食安全以及社会稳定，这使得中央政府又采用了计划指标的方式进行约束。因此，要全面理解我国的城市建设用地供给模式，以及这种供给模式能否与城市人口增长的特征相容，就需要揭开中国城市建设用地指标配置的逻辑面纱。本章通过对《土地管理法》《土地利用总体规划》《土地利用年度计划》《国有建设用地供应计划编制规范》等文献资料的分析，归纳出了一个"从中央到地方""先地区后用途"的中国城市建设用地指标配置制度。它包括两个方面的内容：一方面是指标的地区配置，另一方面是指标的用途配置。前者指的是，每一年中央政府会根据"土地利用总体规划"，制订一个"土地利用年度计划"，由此确定了每年的城市新增建设用地指标的全国总量。然后将这一总量指标在各省之间分配，并借助省级政府进一步分解到各区县。后者指的是，区县政府要将总量指标进一步在工业用地、居住用地等各种用途之间进行分配。

基于上述制度背景，本章构建了建设用地指标的地区配置模型。模型的核心思想是：上级政府向下级政府分配建设用地指标有两个目的，一是促进地区经济发展，获取财政收入；二是推动城市人口增长，促进城市化进程。但是，在区域平衡发展的战略下，上级政府对欠发达地区的经济发展和城市化进程持有更强的偏好，这使得建设用地指标的配置受到两个相反方向的力量的作用。一个是在大城市和大市场地区，建设用地指标的生产率更高，更有助于整体的生产率增长城市化进程，因此指标配置会向大城市和大市场地区倾斜。另一个是上级政府对区域平衡发展持有更强的偏好，欠发达地区的经济发展和城市化进程在总体发展中会赋予更高的权重。这样一来，指标的配置又会偏离大城市和大市场。当第二个机制的影响更大时，城市建设用地指标的地区配置就会偏离人口集聚的方向。

通过手工搜集各个地级城市土地利用总体规划中的城乡建设用地指标数据，本章进一步考察了实践中的指标配置特征。为了与本书第二章的发现相呼应，我们重点考察的是城市建设用地指标的配置是否偏向了大城市和大市场。这一研究的发现是，城乡建设用地指标被中央政府当作促进区域平衡发展的手段使用。在《全国土地利用总体规划纲要（2006-2020）》中，对于欠发达的中西部地区，中央鼓励适度增加城乡建设用地指标，但在经济集聚地的长三角地区和珠三角地区，是要求降低新增建设用地指标。这使得在过去的10年间，城乡建设用地指标遵循的是地区间的平衡配置原则，并未偏向大城市和大市场。在经过各种实证检验后，本章发现，城市的规模类型对建设用地指标的配置没有显著影响，地区的市场规模也对建设用地指标的配置没有显著影响，反而是长三角城市群的建设用地指标增长最少。这一指标的地区配置模式与经济活动的集聚方向不一致。究其原因，是由于上一级政府的建设用地指标对下一级政府有约束效应，因此中央政策会通过这种约束机制传递到基层，最终结果反映的是中央政府的政策意图。

第六章 中国偏向工业用途的指标配置

建设用地指标一级一级向下分解至区县政府，一个新的问题便产生了：建设用地指标如何在不同用途之间配置？从用途上看，建设用地指标主要划分为工业用地指标和居住用地指标。一方面，工业用地的过多配置有利于降低工业用地价格，从而更好地招商引资，促进工业税收增长；另一方面，压缩居住用地供给，不仅不会降低，反而会提高住宅用地出让价格，促进土地出让收入增长。这样一来，中国城市建设用地指标配置很可能是偏向工业用途的。

与第五章使用"土地利用总体规划"数据进行研究不同，本章使用"土地利用年度计划数据"展开研究。二者的不同在于，土地利用总体规划确定的是一段时期内（2010～2020年）的总量建设用地指标，而土地利用年度计划指标包含了用途配置信息，具有重要的研究价值。经大量调研工作，我们发现并整理了一套独特的数据集，可用于指标用途配置的研究。这一数据集采集于江苏省自然资源厅网站的"信息公开"菜单下的"规划计划"栏目，系统报告了自2011年至今的城市建设用地供应指标数据。① 这一数据不仅反映了指标在不同区县之间的配置信息，还反映出各区县指标在不同用途之间的配置信息，为识别建设用地指标的地区配置模式和用途配置模式奠定了基础。

第一节 中国城市建设用地指标的用途配置模型

一、理论框架

区县政府在获得了 S 单位的城市建设用地指标后，其面临的问题是：

---

① 在网站上，具体的名称是"供应计划"。通过与江苏省每年获得的新增建设用地指标总量的比对，发现二者的差异很小。差异可能来源于存量建设用地部分。

如何根据自己的目标函数将 S 在工业和居住用途间分解？① 首要问题是确定区县政府的效用函数。本章认为，区县政府一方面要努力为中央贡献税收收入，另一方面又要依赖土地出让收入为城市建设筹资。因此，实现财政收入（包括工业税收和土地出让金）的最大化是区县政府土地用途配置的首要目标。另外，中央政府强调要根据人口城市化的进程安排土地指标，如果存在有效的激励机制将这一偏好传导到地方政府，我们就有理由相信，人口城市化也应该进入区县政府的效用函数，故而令 $U = U(T,R;C)$。其中，U 为区县政府的效用，T 为向中央贡献的工业税收，R 为土地出让金，C 为城市人口规模增长。

实际上，城市化目标和区县财政收入目标是兼容的。因为城市化为城市工业增长提供劳动力，同时推动住房需求扩张，有助于土地出让收入的增长。为了获得工业税收和土地出让收入的增长，地方政府需要为工业发展和住宅建设配置土地。假设税收增长（T）是新增工业用地供给（S_I）函数，土地出让金（R）是新增住宅用地供给（S_R）的函数，分别记作：$T = T(S_I)$，$R = R(S_R)$。但城市人口规模的增长（C）受工业用地（S_I）和住宅用地（S_R）的共同影响，表现在两个方面：一是工业用地供给通过吸引制造业投资为城市新增人口创造就业机会；二是住宅用地供给为城市人口提供寓所。故 $C = C(S_I,S_R)$。进一步假设 $T' > 0$，$T'' < 0$，意味着工业用地供给的边际税收贡献递减。$R' > 0$，$R'' < 0$，意味着住宅用地供给的边际出让金收益递减。另外，$\partial C/\partial S_I > 0$，$\partial^2 C/\partial S_I{}^2 < 0$，表示工业用地供给创造就业机会的能力边际递减；$\partial C/\partial S_R > 0$，$\partial^2 C/\partial S_R{}^2 < 0$，表示住宅用地供给创建有效寓所的能力边际递减。②

地方政府在 $S_I + S_R = S$ 的约束中最大化 $U(T,R;C)$，最优的用途配置需要满足以下条件：

$$U_T \cdot (\mathrm{d}T/\mathrm{d}S_I) + U_C \cdot (\partial C/\partial S_I) = U_R \cdot (\mathrm{d}R/\mathrm{d}S_R) + U_C \cdot (\partial C/\partial S_R)$$

(6.1)

记 $U_T = \alpha$，$U_C = \beta$，为区县政府对税收和城市化的偏好。另记 $U_R = \gamma$，

---

① 城市建设用地有多种用途，本书仅考虑工业和居住两种，主要是基于三个方面的考虑。首先，这一处理契合了本书的研究目的。本书关于指标供给的激励机制研究主要关注土地供给的财政效应和城市化效应，而这两种效应主要并直接来源于工业和居住用地供给。其次，这一处理并不失一般性。其他的一些用途，如交通运输、公共管理与公共服务都可看作工业和居住的衍生用途。最后，这一处理方便建模，有助于得到较为精简的结论。

② 在给定容积率的条件下，单位住宅用地的寓所供给能力是不变的。但是边际居住用地供给对住宅用地价格的影响是边际递减的，因此居住用地供给对城市人口增长的边际效应递减。

为区县政府对土地出让金的偏好。再令 $T' = \mathrm{d}T/\mathrm{d}S_I$ ，$R' = \mathrm{d}R/\mathrm{d}S_R$ ，式（6.1）简化为：

$$\alpha \cdot T' + \beta \cdot (\partial C/\partial S_I) = \gamma \cdot R' + \beta \cdot (\partial C/\partial S_R) \qquad (6.2)$$

均衡条件表明：工业用地供给的税收效应和城市化效应在经过偏好调整加总后，应与经偏好调整加总的住宅用地供给的出让金效应和城市化效应相等。为进一步考察新增建设用地指标用途配置的细节，我们先从最简单的 $\beta = 0$ 的情形入手，仅考察财政激励对土地指标用途配置的影响。然后在此基础上，进一步考察 $\beta > 0$ 的情形，研究财政激励和城市化激励如何共同影响了土地指标的用途配置。

1. 情形一：$\alpha > 0$，$\gamma > 0$，$\beta = 0$。在此情形下，式（6.2）退化为 $\alpha \cdot T' = \gamma \cdot R'$。此时，地方政府仅根据财政激励配置指标，均衡时（经偏好调整了的）工业用地供给的边际税收贡献和住宅用地供给的边际出让金收益相等。在图 6-1 中，地区 1 的 $\alpha \cdot T_1'$ 线和 $\gamma \cdot R_1'$ 线的交点为均衡点 E_1，此时，工业用地供给为 S_I^*，住宅用地供给为 S_R^*，工业用地占比 $S_I^*/(S_I^* + S_R^*)$。假设存在另一税收贡献能力更强的地区 2。由于地区 2 工业用地供给的边际税收贡献曲线提高到 $\alpha \cdot T_2'$，故均衡点为 E_2，此时工业用地供给的绝对和相对规模都会扩大。

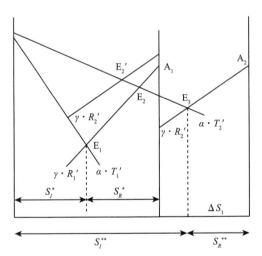

图 6-1　税收贡献能力与指标的用途配置

上述模型还需做两点完善：首先，更高的工业税收贡献能力可能有助于将住宅用地价格提高到一个更高的水平，地区 2 住宅用地供给的边际出让金收益线同时提高到 $\gamma \cdot R_2'$，此时均衡点为 E_2'。这减少了工业用地供给，增加了住宅用地供给。其次，考虑到地区 2 还因更强的税收贡献能力从省厅多获取了 ΔS_1 单位的建设用地总量指标，因此 $\gamma \cdot R'_2$ 线将从 A_1 点右移至 A_2 点，故最终均衡点为 E_3 而非 E'_2。此时，工业用地供给 S_I^{**}，住宅用地供给 S_R^{**}，工业用地供给占比 $S_I^{**}/(S_I^{**} + S_R^{**})$。

与 E_1 相比，E_3 处工业用地供给的绝对规模和相对规模都更大，但住宅用地供给没有因地区 2 更高的税收贡献能力而提高。也就是说，地区 2 因更强的税收贡献能力而获得的指标几乎全被配置于工业用途。

2. 情形二：$\alpha > 0$，$\gamma > 0$，$\beta > 0$。此时，地区 2 不仅考虑土地供给的财政效应，还考虑土地供给的城市化效应。接续图 6-1，均衡点不再是 E_3，而是图 6-2 中 $\alpha \cdot T'_2 + \beta \cdot (\partial C/\partial S_I)_2$ 线和 $\gamma \cdot R'_2 + \beta \cdot (\partial C/\partial S_R)_2$ 线的交点 E_4。此时，工业用地供给规模为 $S_I^\#$，住宅用地供给规模为 $S_R^\#$，工业用地占比 $S_I^\#/(S_I^\# + S_R^\#)$。进一步假设存在一个税收贡献能力与地区 2 相当，但城市化前景更好的地区 3。由于地区 3 具有更好的城市化前景，工业用地供给能够创造更多的就业机会，住宅用地供给能够创建更多的有效寓所，故而 $\alpha \cdot T'_2 + \beta \cdot (\partial C/\partial S_I)_3$ 线和 $\gamma \cdot R'_2 + \beta \cdot (\partial C/\partial S_R)_3$ 线均更高，此时均衡点为 E_5。[1] 如果省厅同时为城市化前景更好的地区 3 配给了更多的建设用地指标（ΔS_2），则最终的均衡为 E_6。此时，工业用地供给 S_I^{***}，住宅用地供给 S_R^{***}，工业用地占比 $S_I^{***}/(S_I^{***} + S_R^{***})$。

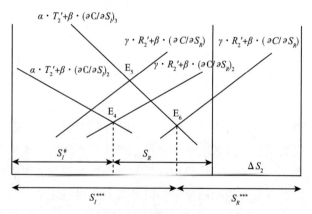

图 6-2　城市化前景与指标的用途配置

相比于均衡点 E_4，均衡点 E_6 处工业和住宅用地供给的绝对规模更大，但工业用地占比更高。在现实中，大城市因产业和人口集聚能力更强，工

---

[1] 由于工业用地供给对城市化的贡献超过了住宅用地供给对城市化的贡献（$\partial C/\partial S_I > \partial C/\partial S_R$），因此与 E_4 相比，E_5 显示出了更高的工业用地占比。

业用地供给能创造更多的就业机会，住宅用地供给能建造更多的有效寓所。如果城市化激励机制有效运转（$\beta > 0$），那么大城市应该获得更多的建设用地指标，工业用地和（或）住宅用地供给规模也可以更大。因此，可以使用"城市规模对工业和住宅用地供给的影响"来检验指标用途配置的城市化激励机制是否存在。

基于上述分析，将城市建设用地指标的用途配置逻辑总结如下：工业用地供给为上级政府贡献税收，为城市人口创造就业机会；住宅用地供给为区县政府贡献土地出让金，为城市人口创建寓所。基于不同用途的土地供给在促进财政收入增长和推进城市化进程上的相对贡献，区县政府对土地指标进行用途配置。具体地，随着税收贡献能力和城市化前景的提升，工业用地供给的绝对规模和相对规模均有显著增长，这有三个方面的原因：一是上级政府为税收贡献能力强和城市化前景好的区县政府配了更多的总量指标，为提高工业用地供给规模奠定了基础；二是在财政激励方面，随着地区税收贡献能力的提升，工业用地供给的边际税收贡献大于住宅用地供给的边际出让金收益；三是在城市化激励方面，地方政府对城市化的价值判断，一般是重视就业机会创造，轻视住房供给，导致土地用途配置上的工业偏向。①

二、模型解析

将城市工业生产函数设定为：$Y_I = K_{-I}^{\alpha 1} K_I^{\alpha 2} N_I^{\beta} L_I^{\gamma}$，其中，$Y_I$ 为工业产出，L_I 为工业用地投入，N_I 为工业劳动力投入，K_I 为城市工业资本存量，K_{-I} 为城市非工业部门资本存量，主要是城市的基础设施。假设城市全部资本存量 K 的加总方程是：$K^{\alpha} = K_{-I}^{\alpha 1} K_I^{\alpha 2}$，则可将生产函数简化为：$Y_I = K^{\alpha} N_I^{\beta} L_I^{\gamma}$，其中，$\alpha$，$\beta$，$\gamma$ 分别为资本、劳动和工业用地的产出弹性。为了促进 Y_I 增长，地方政府努力提高城市建成区的资本存量，实践中有两种保障机制：一是国土资源部发布了《工业项目建设用地控制指标》的通知，对工业用地上的投资强度、容积率等作出明确规定，以提高土地利用效率；二是地方竞争机制激发了公共部门投资，提高了基础设施投资水平（张军等，2007）。如果说第一种机制保障了建成区内的工业部门投资强度，促进了 K_I 增长的话，那么第二种机制则保障了建成区内的公共部门投资强度，促进了

---

① 当然，图6-1和图6-2仅显示了各种可能均衡中的一种。如果工业用地供给的税收贡献小于住宅用地供给的土地出让金收益，如果地方政府更加注重对城市化进程中的住房供给，也存在着住宅用地供给超过工业用地供给的可能性。但图6-1和图6-2中显示的均衡与实际观察一致。

K_{-I} 的增长。

进一步将生产函数中的资本存量设定为"资本密度"(k)的函数,即 $K = k \cdot L$。相应地,劳动投入设定为"就业密度"(m)的函数,即 $N_I = m \cdot L$,其中,L 为城市空间面积。在我国的建制中,城市既是个经济区,也是个行政区,这里的 L 定义为城市的非农经济区(建成区)面积,而不是行政区面积。将二者代入生产函数得到:$Y_I = k^\alpha m^\beta L^{\alpha+\beta} L_I^\gamma$。设工业用地占城市建成区的比例为 θ,则有 $L = L_I/\theta$。由此城市的工业生产函数写作:$Y_I = \theta^{-(\alpha+\beta)} k^\alpha m^\beta L_I^{\alpha+\beta+\gamma}$。这意味着,城市建成区的资本密度和制造业就业密度是决定工业产出规模的重要因素。进一步将 Y_I 定义为税基,τ 为税率,则地方政府从工业产出中汲取的税收可定义为:$T = \tau \cdot Y_I = \tau\theta^{-(\alpha+\beta)} k^\alpha m^\beta L_I^{\alpha+\beta+\gamma}$。基于税收函数 T,工业用地供给的边际税收贡献 MT 为:

$$MT = (\alpha + \beta + \gamma)\tau\theta^{-(\alpha+\beta)} k^\alpha m^\beta L_I^{\alpha+\beta+\gamma-1} \qquad (6.3)$$

其中,k 为城市资本密度,m 为城市就业密度,L_I 为工业用地存量,τ 为工业税率,θ 为工业用地占比。正常情况下,MT 关于 L_I 边际递减,故假设 $\alpha + \beta + \gamma < 1$。

居住用地供给的边际收益定义为:

$$MR = \sigma(N)P_H = \sigma(N)e^{\phi_0}L_H^{-\phi_1}W^{\phi_2}N^{\phi_3}P_M^{\phi_4} \qquad (6.4)$$

其中,L_H 为居住用地存量,W 为城市居民人均收入,N 为城市人口规模,P_M 为住房建造成本。

均衡的工业用地存量 L_I^* 和居住用地存量 L_H^* 配置方程为:

$$(\alpha + \beta + \gamma)\tau\theta^{-(\alpha+\beta)} k^\alpha m^\beta L_I^{*\,\alpha+\beta+\gamma-1} = \sigma(N)e^{\phi_0}L_H^{*\,-\phi_1}W^{\phi_2}N^{\phi_3}P_M^{\phi_4} \quad (6.5)$$

在此基础上考虑增量建设用地指标的配置。记 ΔL_I^* 和 ΔL_H^* 为新增工业用地和居住用地指标,k' 为增加投资后的城市资本密度,则在新的均衡状态下,均衡方程式(6.5)变为:

$$Ak'^\alpha(L_I^* + \Delta L_I^*)^{\alpha+\beta+\gamma-1} = B(L_H^* + \Delta L_H^*)^{-\phi_1}N^{\phi_3} \qquad (6.6)$$

$\Delta L_I^* + L_H^* = \Delta L$,$\Delta L$ 为省级政府投放给区县政府的建设用地指标总量。记 κ 为投资密度,则有 $k' = k + \kappa$。式(6.6)两边对 κ 求一阶偏导可得:

$$\left(\frac{1 - \alpha - \beta - \gamma}{\Delta L_I^* + L_H^*} + \frac{\phi_1}{\Delta L_I^* + L_H^*}\right)\frac{\partial \Delta L_I^*}{\partial \kappa} = \frac{\alpha}{k'}\frac{\mathrm{d}k'}{\mathrm{d}\kappa} = \frac{\alpha}{k'} \qquad (6.7)$$

因为左侧括号内为正,所以有 $\dfrac{\partial \Delta L_I^*}{\partial \kappa} > 0$,这进一步意味着 $\dfrac{\partial \Delta L_H^*}{\partial \kappa} < 0$,

$\dfrac{\partial\left(\Delta L_H^*/\Delta L_I^*\right)}{\partial\kappa}<0$。因此固定资产投资密度越高，居住用地相对于工业用地的配置比率越低。这是对上一小节总结的建设用地指标配置逻辑的一个具体化结果。

当然，固定资产投资可以带来城市就业规模和人口规模的增长，而人口规模又影响居住用地配置的收入。因此，一个更为严密的结果表达如下：

$$\left(\frac{1-\alpha-\beta-\gamma}{\Delta L_I^*+L_H^*}+\frac{\phi_1}{\Delta L_I^*+L_H^*}\right)\frac{\partial\Delta L_I^*}{\partial\kappa}=\frac{\alpha}{k'}+\frac{\beta}{m'}\frac{\mathrm{d}m'}{\mathrm{d}\kappa}-\frac{\phi_3}{N'}\frac{\mathrm{d}N'}{\mathrm{d}\kappa} \quad (6.8)$$

在式（6.8）中，当且仅当 $\dfrac{\alpha}{k'}+\dfrac{\beta}{m'}\dfrac{\mathrm{d}m'}{\mathrm{d}\kappa}>\dfrac{\phi_3}{N'}\dfrac{\mathrm{d}N'}{\mathrm{d}\kappa}$ 时，才会有 $\dfrac{\partial\Delta L_I^*}{\partial\kappa}>0$。在这种情况下，地方政府所受财政激励越强，是否会配置更多的工业用地指标还有待实证研究结果验证。

第二节　建设用地指标用途配置模式的统计描述

一、样本选取

已有的相关研究都没有以区县为考察对象。但在"今天的中国，主要的经济权力……在县的手上。理由是，决定使用土地的权力落在县之手"①，这与前文强调的"区县掌握着土地指标的用途配置权力"是一致的。因此，以区县为样本单元考察土地指标配给非常必要。区县指标直接来自各省的自然资源厅（原为国土资源厅），而各省指标则由中央（自然资源部，原为国土资源部）下拨。将省级政府视作中央政府的代理人，研究各省国土资源厅如何在区县间配给建设用地指标。然而令人遗憾的是：并非所有省厅都公开其在区县间配置建设用地指标的信息，更无法获得区县建设用地指标用途配置的信息，这导致系统的区县层面的土地指标配置数据不可得。② 通过对31 个省（自治区、直辖市）国土资源厅网站的调查，我们发现江苏省国土资源厅系统公布了其在 2011 年至今分区县的土地利用年度计划，③ 获得

① 张五常，中国的经济制度［M］．北京：中信出版社，2009.
② 有些省份尽管公布了指标的地区分配，但仅具体到地级市层面，如安徽省。但指标的用途配置是区县政府完成的，因此无法使用这些数据。
③ 见江苏省国土资源厅网站"信息公开"栏目下的"规划计划"子栏：http：//www. jsmlr. gov. cn/gtxxgk/nrglIndex. action？ classID = 8a908254409a391f01409a4b4fec0009。

了 2011 年至今分年度分区县（市辖区、县级市和县）的新增建设用地指标总量，以及按用途细分的数据。需要说明的是，国土资源部于 2016 年在全国范围内进行了"土地利用总体规划（2006—2020 年）"有关指标的系统性的调整，调整后的指标有可能混入了新的与第一节理论模型不相容的机制。为此，实证分析以 2011~2016 年数据为基础。

使用江苏一省作为考察对象，尽管是一种数据不可得的无奈之举，却有助于解决模型的识别问题。因为前文的理论模型揭示，无论是省厅对指标的地区配给，还是区县对指标的用途配置，均受其对土地供给的财政效应和城市化效应的偏好（模型中的参数 α，β，γ）影响。在跨省数据研究中，不同省的地方政府更有可能持不同的偏好，进而对土地指标的配给产生影响，而偏好不可观测。但在一省内部，地方政府偏好更具一致性，从而有助于化解因遗漏变量引起的估计偏误问题。另外，江苏省所辖区县数量较多，且区县间（苏南和苏北）有较为明显的经济发展水平差异，这有助于识别本书提出的假说。以 2011 年为例，共获得 65 个区县样本的土地指标配给数据，相应的地区分布如表 6-1 所示。

表 6-1	2011 年样本区县的地区分布			单位：个
地区	苏南	苏中	苏北	总计
市辖区	5	3	5	13
县级市	12	11	4	27
县	2	3	20	25
总计	19	17	29	65

注：苏南包括南京、镇江、常州、无锡、苏州；苏中包括扬州、泰州、南通；苏北包括徐州、宿迁、淮安、盐城、连云港。

二、变量构建

（一）被解释变量

区县政府土地利用年度计划数据的最大优势在于能够对建设用地指标的用途配置模式进行考察。除此之外，土地利用年度计划指标也有总量水平上的，这又为进一步验证建设用地指标的地区配置模式提供了方便，为提高第五章研究结论的可靠性提供了条件。为此，我们在本章设定了两个被解释变量：一是商品住房用地供给比率，二是区县人均建设用地指标的相对比例。

1. 商品住房用地供给比率。在各年度的《供应计划汇总表》中，住房用地包括了保障性安居工程用地和商品住房用地。考虑到模型设定主要指向基于市场规律的土地配置行为，故而将主要的解释变量定义为"商品住房用地/工矿仓储用地"。作为印证，本章还将补充考察另外两种商品住房用地供给的相对比例，分别是"商品住房用地/（商品住房用地＋工矿仓储用地）"和"商品住房用地/各类型用地合计"。

2. 区县人均建设用地指标的相对比例。它定义为"区县 i 的人均建设用地指标比上区县 j 的人均建设用地指标"。因为 $i \neq j$，所以如果有 n 个区县的话，便能够得到 $n \times (n-1)$ 个配比关系。不过由于 i 和 j 的配比与 j 和 i 的配比实际上是同一个关系，因此，有效的配比应该是 $n \times (n-1)/2$ 个。比如说有 63 个区县的话，那么关于该指标我们每一年都将得到 1953 个观测值。理论上，从 2011~2016 年共有 11718 个观测值。

（二）核心解释变量

1. 投资密度。本章模型揭示，财政激励下的区县政府会努力提升辖区内的资本密度。而要提高资本密度，增加固定资产投资是关键，现实中有两种保障机制：一方面，区县政府会根据工业项目的行业分类，对单位工业用地上的投资强度作出规定，具体细节体现在《工业项目建设用地控制指标》这一文件中；另一方面，在地区竞争压力下，区县政府也会主动动用公共投资手段，改善城市的基础设施，为企业生产提供外部性，以吸引更多的投资项目。因此，可以使用区县建成区的固定资产投资密度来度量其所受到的财政激励的强度。本章使用扣除房地产开发投资后的固定资产投资总额，除以区县的建成区面积，作为区县投资密度的代理变量。当然，有部分投资会发生在建成区之外，特别是第一产业固定资产投资。不过数据显示，第一产业固定资产投资在全部固定资产投资中的占比不足 1%，这样的测量误差应该不会对结果产生太大影响。[1]

2. 城市规模。影响城市建设用地指标配置的第二个关键因素是城市人口规模。本章模型揭示，城市规模能够促进房价、地价上涨，因此区县政府有提高大城市居住用地配置比例的激励。与此同时，第五章模型显示，持有城市化偏好的省级政府对建设用地指标的地区配置，也会参照城市的人口规模。本章首先使用常住人口度量城市规模，这也是已有文献的惯常做法。但问题是：在县和县级市样本中，使用常住人口度量城市规模存在较大误差。因为在这些样本中，有大量的人口生活在农村地区，使用常住人口会严重高估城市规模。为了解决这一问题：本章主要使用区县的"城镇家庭户数量"度量城市规模。在历年的《江苏统计年鉴》中，报告有区县的"总家庭户数量"和"乡村家庭户数量"，将前者减去后者便可

---

① 参见 2017 年《江苏统计年鉴》表 6-1"固定资产投资主要指标"的相关数据。

得到"城镇家庭户数量"。

3. 资本密度。资本密度是决定工业用地的边际产出及税收贡献能力的重要因素，进而对存量的工业和居住用地配置产生影响。然而区县层面的资本存量数据估算存在很大困难。本章的解决办法是：假设区县的资本产出比为常数，使用工业GDP密度（工业GDP/建成区面积）作为资本密度的代理变量。

4. 就业密度。就业密度的提高增加了工业用地供给的边际产出，增加了地方政府扩张工业用地的边际收益，进而激励地方政府压缩居住用地供给。该变量使用区县的第二产业从业人员与建成区面积的比值度量，两个指标均可从《江苏统计年鉴》中直接获取。

5. 城镇居民人均可支配收入。该变量通过扩张需求促进住房价格上升，进而提高土地出让收入。这意味着在人均收入水平越高的区县，地方政府有增加居住用地供给的激励。该指标可从《江苏统计年鉴》中直接获取。

（三）其他控制变量

为了控制其他重要的区县经济特征，本章还构建了"区县人均GDP""第二产业GDP占比""第三产业GDP占比""外资工业产值占比""城镇家户数量占比"（度量城市化水平）等变量，数据采集于各年的《江苏统计年鉴》。

三、统计描述

本章以区县为统计单元，应有347个样本。但滨海县2012~2015年、邳州市2012年、射阳县2014年、高邮市2016年、徐州市市区2016年的工矿仓储用地指标均为0，因此有效样本量下降为339（见表6-2）。统计结果显示，指标地区配置的差异比用途配置的差异要大得多。工业GDP密度、固定资产投资密度、城镇居民人均可支配收入、第二产业就业密度的差异较小，但城市常住人口规模和家庭户数量的差异较大。

表6-2   变量统计描述

变量	样本量（个）	均值	标准差	最小值	最大值
商品住房用地供给比率	339	0.54	0.46	0.04	3.39
区县 i，j 人均指标比率	9986	1.67	2.84	0.01	87.10
人均商品住房销售面积	347	1.03	0.63	0.06	7.20
固定资产投资密度	347	8.17	3.75	2.52	21.37
常住人口规模	347	137.71	125.30	32.83	827.00
城镇家庭户数量	347	17.23	23.06	2.73	166.70

变量	样本量（个）	均值	标准差	最小值	最大值
工业 GDP 密度	347	6.95	4.54	1.23	26.50
第二产业就业密度	347	0.75	0.32	0.19	2.14
城镇居民人均可支配收入	347	2.86	0.91	1.07	5.47

表 6 - 3 的统计结果揭示了一个基本的事实：工业用地在各类用地供给中的占比偏高，达到了 40.8%，而城市建设用地规划标准中工业用地占比在 15% ~ 30%。其他类型的建设用地供给，如居住用地、公共管理与公共服务用地、道路与交通设施用地尽管在标准范围内，但接近于下限值。居住用地配置比例尽管在标准范围内，但扣除保障性安居工程用地后，商品住房用地占比仅为 22.9%，低于规划建设用地标准下限 25% 的水平。

表 6 - 3 　　　　　　　　各类型建设用地的实际占比与国家标准 　　　　　　单位:%

用地类型	实际占比	标准值
工业用地	40.8	15.0 ~ 30.0
居住用地	29.2	25.0 ~ 40.0
商品住房用地	22.9	—
公共管理与公共服务用地	6.6	5.0 ~ 8.0
道路与交通设施用地	13.1	10.0 ~ 25.0

注：标准值采集于住房和城乡建设部编制的《城市用地分类与规划建设用地标准》。

高比例的工业用地配置可能对居住用地供给产生挤压效应。根据理论模型，这源于区县政府对工业税收的追求。具体地，随着城市建成区投资密度提高，工业用地供给的边际税收贡献能力提升，从而扩张了工业用地供给占比，并对居住用地供给产生挤压效应。表 6 - 4 数据显示，居住用地供给平均只有工业用地的 53.9%，且随着投资密度提高，这一比率从 66.6% 稳定下降到 45.8%。同时，居住用地与工业用地的比率表现出随城市规模增长而上升的趋势，从小规模城市的 48.9% 上升到大城市的 61.8%。这也与本章模型的预测一致：城市规模越大，房价和边际的土地出让收入越高，区县政府有增加居住用地配置的激励。

表 6 - 4 　　　　　分城市规模和投资密度的"居住用地/工矿仓储用地"比率

城市规模等级	投资密度等级			
	低	中	高	平均值
小	0.828	0.429	0.362	0.489
中	0.503	0.577	0.468	0.508

城市规模等级	投资密度等级			
	低	中	高	平均值
大	0.639	0.619	0.590	0.618
平均值	0.666	0.544	0.458	0.539

注：投资密度等级按低、中、高三等分划分，分割点为 5.4 亿元/平方千米和 8.2 亿元/平方千米；城市规模等级按小、中、大三等分划分，分割点为 84 万人和 125 万人。

关于人均建设用地指标的地区间配置，如果省级政府持有城市化偏好，且不表现出对大城市的规模厌恶倾向的话，那么大城市会被配给更多的指标。但这一命题被表 6-5 的统计结果否定。随着城市规模的提高，区县获得的人均建设用地指标从小城市的 7.115 平方米稳步下降到大城市的 5.082 平方米。这与第五章发现的逆人口集聚方向的建设用地指标地区配置模式一致。不过投资密度对人均建设用地配置没有显示出明确的规律，低投资密度和高投资密度的区县都获得了 6.4 平方米的人均建设用地供给。

表 6-5	分城市规模和投资密度的人均建设用地		单位：平方米/人	
城市规模等级	投资密度等级			
	低	中	高	平均值
小	7.277	6.860	7.253	7.115
中	7.230	4.107	6.475	5.827
大	5.341	4.979	4.943	5.082
平均值	6.382	5.339	6.400	5.998

注：投资密度等级按低、中、高三等分划分，分割点为 5.4 亿元/平方千米和 8.2 亿元/平方千米；城市规模等级按小、中、大三等分划分，分割点为 84 万人和 125 万人。

第三节　中国建设用地指标用途配置模式的实证研究

一、计量模型设定

（一）用途配置模型

用途配置模型重点考察财政激励下区县政府的居住用地配置行为。使用固定资产投资密度度量财政激励强度，同时控制城市规模的影响，设定计量模型：

$$\ln(y_{i,t}) = \alpha_0 \cdot \ln(y_{i,t-1}) + \alpha \cdot \ln(\kappa_{i,t}) + \beta \cdot \ln(Z_{i,t}) + \varepsilon_i + \vartheta_t + \mu_{i,t}$$

$$(6.9)$$

因变量 $y_{i,t}$ 为区县 i 在 t 年的商品住房用地与工矿仓储用地的比率。核心解释变量是投资密度 ($\kappa_{i,t}$)，根据理论模型结果，α 的符号并不确定。另一个重点关注的变量是城市规模 ($N_{i,t}$)，预期 $\beta > 0$。模型还包括了其他解释变量：资本密度 ($X_{1_{i,t}}$)、就业密度 ($X_{2_{i,t}}$) 和城镇居民人均可支配收入 ($X_{3_{i,t}}$)。$Z_{i,t}$ 是区县特征变量：人均 GDP ($Z_{1_{i,t}}$)、第二、三产业 GDP 占比 ($Z_{2_{i,t}}$ 和 $Z_{3_{i,t}}$)、城镇家庭户数占比 ($Z_{4_{i,t}}$)、外资工业企业 GDP 占比 ($Z_{5_{i,t}}$)。ε_i 是区县固定效应，它能够控制地形、城市功能定位和城市建设形态等因素对指标配置的影响。ϑ_t 是年份固定效应，$\mu_{i,t}$ 是随机误差项。模型同时还包含了因变量的一阶滞后项，用以捕捉区县政府用途配置所表现出的惯性。这一设定有较强的现实依据，因为大多数政府规划计划的制定多以历史数据为基本依据。所有变量均取对数。回归分析还将考察上述因素对另外两个被解释变量的影响，它们是"商品住房用地/（商品住房用地＋工矿仓储用地）"和"商品住房用地/各类型用地合计"。所有变量均取对数。

（二）地区配置模型

地区配置模型重点考察省级政府的指标投放是否与人口集聚方向一致。模型的核心解释变量是区县人口的相对规模 ($N_{ij,t}$)，它定义为 $N_{i,t}/N_{j,t}$。同时控制区县的相对税收贡献能力 ($MT_{ij,t}$)，定义方式如前。在第五章理论模型（5.10）中，区县 i 和区县 j 工业用地比例（$1-\Phi$）的比，以及居住用地比例（Φ）的比也是影响地区配置的因素。不过本章数据显示，这两个变量的相关系数高达 0.87，因此同时放入它们会产生较为严重的共线性问题。而第六章用途配置模型揭示：区县工业用地和居住用地的配比关系主要受投资密度影响，因此如果在回归模型中置入这一变量，一方面可以克服多重共线性问题，另一方面还能借此考察省级政府的指标投放是否受到区县政府行为的影响。故而在回归模型中加入区县 i 和区县 j 投资密度的比（$\kappa_{ij,t-1}$）。该变量同时作了一阶滞后处理，因为省级政府更有可能是根据上一年度区县用途配置比例决定指标的地区投放。模型设定如下：

$$\ln(\Delta l_{ij,t}) = \alpha_0 \cdot \ln(\Delta l_{ij,t-1}) + \alpha_1 \cdot \ln(N_{ij,t})$$
$$+ \beta \cdot \ln(Z_{ij,t}) + \varepsilon_{ij} + \vartheta_t + \mu_{ij,t} \qquad (6.10)$$

其中，$\Delta l_{ij,t}$ 为 t 年区县 i 和区县 j 人均建设用地指标的比，即 $\Delta l_{ij,t} = \Delta l_{i,t}/\Delta l_{j,t}$，$Z_{ij,t}$ 是其他控制变量，同前定义。ε_{ij} 是不随年份变化的区县 i 和区县 j 配比的固定效应，$\mu_{ij,t}$ 是随机误差项。

模型同样包含了因变量的一阶滞后项，用以刻画地区间建设用地指标配比关系的惯性。所有变量均取对数形式。由于无法构建工业用地的边际税收贡献能力变量（$MT_{ij,t}$），在回归分析时，使用建成区的平均工业产出代理。

二、回归结果分析

由于两个模型均包含有因变量的一阶滞后项，故采用适于动态面板数据模型的系统 GMM 方法估计。回归系数下方报告的均是稳健标准误差，所有模型均通过了 Arellano-Bond 检验。另外，除地区配置模型外，其他模型均通过了 Hansen 检验。考虑到 Hansen 检验在系统 GMM 方法中的局限性（Roodman，2006；白重恩等，2008），对于地区配置模型，我们更倾向于接受 Arellano-Bond 检验结果。

（一）用途配置模型回归结果

使用不同的变量度量城市规模，表 6 - 6 显示了两个结果：结果（1）使用区县常住人口 $\ln(N_{i,t})$ 得到，结果（2）使用城镇家庭户数量 $\ln(F_{i,t})$ 得到。总体上看，两个结果没有实质性差异。投资密度显著降低了商品住房用地对工矿仓储用地的比率：投资密度每提高 1 个百分点，商品住房用地对工矿仓储用地的比率下降 1.1 个百分点。根据理论模型，投资密度对商品住房用地比率的影响取决于方向相反的两股力量的比较。一方面，投资密度能够直接提升城市资本密度，这提高了工业用地的税收贡献能力，从而激励区县政府增加工业用地供给。在建设用地指标总量既定时，居住用地供给将受到挤压。另一方面，如果投资密度能够进一步促进城市规模增长，并带动住房需求和土地出让收入上涨，那么区县政府也有提高居住用地配置比例的激励。回归结果表明：前一效应大于后一效应，财政激励下的区县政府扩张了工业用地供给，缩减了居住用地供给。

表 6 - 6　　　　　　　城市建设用地指标的用途配置（Ⅰ）

变量	$\ln(y_{i,t})$：商品住房用地/工矿仓储用地	
	结果（1）	结果（2）
$\ln(y_{i,t-1})$	0.291 ** (0.138)	0.226 (0.155)
$\ln(\kappa_{i,t})$	- 1.082 *** (0.313)	- 1.049 *** (0.302)
$\ln(N_{i,t})$	0.105 (0.224)	
$\ln(F_{i,t})$		0.327 * (0.189)

变量	$\ln(y_{i,t})$：商品住房用地/工矿仓储用地	
	结果（1）	结果（2）
$\ln(X_{1i,t})$	−0.113 (0.499)	−0.193 (0.471)
$\ln(X_{2i,t})$	0.211 (0.358)	0.174 (0.371)
$\ln(X_{3i,t})$	0.280 (1.037)	0.367 (0.683)
$\ln(Z_{1i,t})$	−0.066 (0.786)	0.133 (0.767)
$\ln(Z_{2i,t})$	2.508 (1.553)	1.785 (1.974)
$\ln(Z_{3i,t})$	1.236 (1.878)	−0.261 (2.293)
$\ln(Z_{4i,t})$	−0.756 (0.478)	−1.075* (0.612)
$\ln(Z_{5i,t})$	−0.084 (0.170)	−0.077 (0.182)
年份固定效应	是	是
地区固定效应	是	是
常数项	是	是
观测值	260	260
Arellano-Bond test AR（1）p 值	0.022	0.040
Arellano-Bond test AR（2）p 值	0.928	0.858
Hansen test p 值	0.804	0.818

注：括号内数字为稳健标准误，***、**、*分别表示回归系数在1%、5%和10%的水平上显著。

其次，城市规模对商品住房用地比率有正向影响。尽管使用常住人口度量城市规模时，回归系数没有通过常规的显著性检验；但使用城镇家庭户数量度量城市规模时，回归系数在10%的水平上显著。此时，城市规模每提高1个百分点，商品住房用地与工矿仓储用地的比率提高0.3个百分点。这一结果与理论模型预期一致：城市规模增长会通过扩张住房需求，促进房价上涨，提高居住用地的边际出让收入，进而激励区县政府提高居住用地的配置比例。进一步将因变量定义为"商品住房用地/（商品住房用地＋工矿仓储用地）"和"商品住房用地/各类用地合计"（见表6－7），发现投资密度仍然显著降低了商品住房用地的比例，城市规模（使用城镇家庭户数度量）对居住用地配置比例的影响仍然为正，只不过不再显著，城市规模对居住用地供给的正向影响并不稳定。

表6－7　　　　　　　城市建设用地指标的用途配置（Ⅱ）

变量	$y_{i,t}$：商品住房用地/（商品住房用地＋工矿仓储用地）		$y_{i,t}$：商品住房用地/各类用地合计	
	结果（1）	结果（2）	结果（1）	结果（2）
$\ln(y_{i,t-1})$	0.280 (0.258)	0.214 (0.193)	0.402* (0.238)	0.314 (0.204)
$\ln(\kappa_{i,t})$	−0.758*** (0.265)	−0.697*** (0.246)	−0.864*** (0.278)	−0.867*** (0.314)
$\ln(N_{i,t})$	−0.038 (0.181)		−0.028 (0.148)	
$\ln(F_{i,t})$		0.136 (0.172)		0.085 (0.201)
$\ln(X_{i,t})$	是	是	是	是
$\ln(Z_{i,t})$	是	是	是	是
年份固定效应	是	是	是	是
地区固定效应	是	是	是	是
常数项	是	是	是	是
观测值	270	270	270	270
Arellano-Bond test AR（1）p值	0.060	0.034	0.047	0.042
Arellano-Bond test AR（2）p值	0.899	0.977	0.590	0.453
Hansen test p值	0.625	0.744	0.696	0.518

注：括号内数字为稳健标准误，***、*分别表示回归系数在1%和10%的水平上显著。

（二）地区配置模型回归结果

同样使用"常住人口"和"城镇家庭户数量"度量城市规模，回归结果如表6－8所示，城市规模越大，人均建设用地指标反而越少。无论使用常住人口还是使用城镇家庭户数量度量城市规模，结果高度一致，且非常显著。根据理论模型，当省级政府持城市化偏好，城市的人口集聚能力较强，对城市规模的厌恶系数较小，大城市分配到的人均建设用地指标就越多。此处的结果显著为负，可能原因有三个：一是城市化并不进入省级政府的效用函数；二是城市人口集聚能力不够大；三是出于大城市高治理成本的顾虑，不倾向于向大城市供给更多的建设用地指标。下面逐一探讨。

表6-8 城市建设用地指标的地区配置模式

变量	$\ln(\Delta L_{ij,t})$：第 i 个区县的人均建设用地/第 j 个区县的人均建设用地	
	结果（1）	结果（2）
$\ln(\Delta L_{ij,t-1})$	0.616 *** (0.028)	0.617 *** (0.028)
$\ln(\Delta L_{ij,t-2})$	0.233 *** (0.028)	0.232 *** (0.028)
$\ln(N_{ij,t})$	-0.144 *** (0.028)	
$\ln(F_{ij,t})$		-0.136 *** (0.030)
$\ln(MT_{ij,t})$	0.054 (0.106)	-0.041 (0.111)
$\ln(\kappa_{ij,t-1})$	0.010 (0.050)	0.049 (0.047)
$\ln(Z_{ij,t})$	是	是
年份固定效应	是	是
配对的地区固定效应	是	是
常数项	是	是
观测值	5568	5568
Arellano-Bond test AR（1）p 值	0.000	0.000
Arellano-Bond test AR（2）p 值	0.586	0.540
Hansen test p 值	0	0

注：括号内数字为稳健标准误，*** 表示回归系数在1%的水平上显著。

首先，省级政府是否持有城市化偏好？在经济快速发展过程中，如何使得农业转移人口快速市民化也是中央政府关注的重大民生问题。作为中央政府代理人的省级政府，没有理由不与中央的政策取向保持一致。中央"人地挂钩"政策实施意见明确规定，省级政府应对其行政辖区内的政策实施负总责。退一步说，工业化进程也需要与城市化相协调，才能更好地推动经济增长，助力地方政府在激烈的 GDP 竞赛中胜出。因此，省级政府应该有推动城市化的内在激励，式（5.10）中的 $1 - \lambda$ 会显著大于0。

其次，城市的人口集聚能力是否足够强大？随着经济发展水平的提高，城市人口快速增长，但新增人口在不同规模的城市中的分布是显著不同的。奥和亨德森（Au and Henderson，2006），以及王小鲁（2010）的研究都认为：世界城市化进程多以大城市为载体，因为大城市具有更强的人口集聚能力。尽管缺乏我国城市人口集聚能力弹性系数的具体估计，但从"北、上、广、深"所吸引的大规模迁移人口的现实来看，我国的大城市同样具有强大的人口集聚能力。本书的第三章也揭示，在跨过了100万人的门槛后，每增加100万人，城市所吸纳的跨省迁移人口会增加10个百分点（见表3-9）。因此，认为我国大城市人口集聚能力不足，并以此来解释上述与理论模型预期不一致的结果，难以令人信服。况且理论模型揭示，城市人口集聚能力并不是建设用地指标依人口集聚方向投放的必要条件。

因区域平衡发展引致的"城市规模厌恶"应该是导致"建设用地指标逆人口集聚方向投放"的主要原因。我国倡导不同规模城市均衡发展的城市化路径，政府对现实中大城市的快速增长表现得非常忧虑，基本的政策取向是"严格控制大城市规模"，主要手段是户籍制度。户籍制度在控制城市的户籍人口规模上当然有效，但对城市常住人口规模的持续膨胀却束手无策。在这一背景下，对城市发展空间的限制可能成为了补充手段。也就是说，以户籍制度为手段对城市人口规模的控制，让位于以土地指标为手段对城市发展空间的控制。在现实中，国家政策不鼓励增加大城市的建设用地供给。如《全国土地利用总体规划纲要》提倡"严控超大和特大城市的建设用地供给"，而《国家新型城镇化规划2014－2020》提倡"增加中小城市和县城的建设用地供给"。

回归结果还显示：区县的相对税收贡献能力 $\ln(MT_{ij,t})$ 对建设用地指标投放没有显著影响，原因可能是：省级政府试图通过增加落后地区的建设用地供给，以实现区域平衡发展。例如在《江苏省国土资源厅关于下达2017年全省土地利用计划的通知》中，[①] 第二条第1款就有"适度减少苏南地区新增计划占比，增加苏北地区新增计划占比"的要求，致使税收贡献能力强的苏南地区反而减少指标的投放。投资密度 $\ln(\kappa_{ij,t-1})$ 对指标的

地区配置也没有显著影响，原因可能是省级政府对地方投资冲动的担忧。

三、稳健性检验

沿着财政激励提高固定资产投资密度、扩张工业用地供给的逻辑思路，理论模型揭示了财政激励下的区县政府会内生出缩减居住用地配置的动力，并得到了实证结果的支持。然而，以固定资产投资密度作为区县政府所受财政激励强度的代理变量，可能会遭受质疑。因为固定资产投资和土地用途配置都是地方竞争的手段，二者是同时决定的。我们可以说区县政府为了追求税收增长，需要增加固定资产投资，进而影响了工业和居住用地的配置比例；也可以说为了促进税收增长，需要增加工业用地供给，进而引发配套的基础设施投资。在这里，谁是因，孰为果，比较模糊。由此引发的一个后果是：一些能够同时驱动固定资产投资和土地用途配置的因素就会被认为是财政激励的作用，尽管这些因素与财政激励没有任何关系。比如说地形，既影响固定资产投资密度，也可能影响工业和居住用地的配比关系。

为此需要寻找一个外生性较强、且能够较好度量区县政府所受财政激励的变量，进行稳健性检验。该变量应满足以下条件：一是足够外生；二是与区县政府所受财政激励强度有内在的逻辑关联；三是与本章所使用的投资密度显著相关。吕和兰德里（Lu and Landry，2014）在解释中国税收超 GDP 增长时认为：晋升压力越大，财政激励越强。他们以外生性很强的地级行政单位所辖区县数量及其平方度量区县政府晋升压力的大小，认为在我国官员阶梯式晋升体系下，地级行政区所辖区县数量越多，则区县政府官员晋升到高一级职位的概率越小，进而引发激烈的财政竞争。[①] 他们的实证研究发现，区县的人均财政收入与地级行政辖区内的区县数量呈倒 U 型关系。这解释为：随着区县数量的增加，地方政府官员的晋升压力加大，区县人均财政收入呈现先增长后下降的趋势。余和沈（Yu and Shen，2022）的研究则发现，在"层级分流"的晋升体系下，县际竞争的强度由地级市所辖区县的数量决定，且遵循倒 U 型关系。这样一来，地级市所辖区县数量与区县政府所受财政激励的大小有显著关联，本章借用这一变量的影响来佐证地方政府的居住用地配置行为。

表 6-9 的回归结果显示：地级行政区所辖区县数量（qc_i 和 qc_i^2）与居住用地配置之间呈显著的 U 型关系：随着区县数量的增加，居住用地与工

---

① 在区县数量过多时，晋升概率将变得非常小，此时反而会减轻晋升压力和财政激励。

矿仓储用地的比率（y^1），以及居住用地占其与工矿仓储用地的比例（y^2）首先显著下降。尽管当被解释变量为居住用地占各类用地的比例（y^3）时，回归系数不再显著，但符号仍然显示了 U 型关系。上述结果表明随着区县所受财政激励的增强，居住用地配比将被缩减。这一影响最终会落实到区县的人均居住用地供给上来。回归结果显示（第 4 列），地级行政区所辖区县数量与区县人均居住用地供给同样有着显著的 U 型关系：随着区县数量的增加，人均居住用地供给首先会显著下降，这意味着财政激励越强，人均居住用地供给越少。

表6－9 稳健性检验和人均居住用地供给估计结果

变量	$\ln(y^1_{i,t})$	$\ln(y^2_{i,t})$	$\ln(y^3_{i,t})$	$\ln(l_{i,t})$	$\ln(\kappa_{i,t})$
$\ln(y^m_{i,t-1})$	0. 441 *** (0. 161)	0. 376 *** (0. 133)	0. 146 (0. 237)		
$\ln(l_{i,t-1})$				0. 629 *** (0. 179)	
qc_i	− 0. 510 * (0. 297)	− 0. 391 ** (0. 186)	− 0. 131 (0. 307)	− 0. 355 *** (0. 134)	0. 142 ** (0. 071)
qc_i^2	0. 049 * (0. 029)	0. 038 ** (0. 016)	0. 018 (0. 026)	0. 034 ** (0. 015)	− 0. 018 ** (0. 007)
$\ln(N_{i,t})$	0. 183 (0. 234)	0. 171 (0. 146)	0. 224 (0. 228)	− 0. 135 (0. 158)	− 0. 235 (0. 194)
其他控制变量	是	是	是	是	是
年份固定效应	是	是	是	是	是
常数项	是	是	是	是	是
Observations	260	270	270	270	383
R^2					0. 852
F 值					97. 20
Arellano-Bond test AR （1）p 值	0. 011	0. 003	0. 040	0. 014	
Arellano-Bond test AR （2）p 值	0. 656	0. 618	0. 793	0. 494	
Hansen test p 值	0. 233	0. 649	0. 345	0. 742	

注：（1）y^m（$m = 1,2,3$）分别代表"商品住房用地/工矿仓储用地""商品住房用地/（商品住房用地＋工矿仓储用地）""商品住房用地/全类用地合计"；（2）第 1～4 列回归结果使用系统 GMM 方法估计，第 5 列结果使用面板数据固定效应模型估计。括号内数字为稳健标准误，***、**、*分别表示回归系数在 1%、5% 和 10% 的水平上显著。

尽管地级市所辖区县数量是一个外生性很强的变量，也与区县所受财政激励的大小有逻辑关联，并在回归分析中取得了预期的结果，但是该变量是否与前文所使用的投资密度显著相关，还需要进一步检验。结果发现（第5列），二者呈现显著的倒 U 型关系：随着地级市所辖区县数量的上升，区县的投资密度一开始会显著上升。因此，前面所揭示的投资密度对居住用地配置比例显著的挤压效应，至少部分来自于区县政府所受到的财政激励。

综上，在区县层面偏向工业用途的建设用地指标配置便从地方政府所受到的财政激励中得到了合理解释。同时本章的实证研究结果进一步支持了逆人口集聚方向的建设用地指标配置模式。这样一来，中国城市建设用地指标的配置可用"逆人口集聚方向叠加偏向工业用途"的模式概括。

第四节　本章小结

本章重点揭示了城市建设用地指标的用途配置逻辑，并利用土地利用年度计划数据进行了实证检验。同时，利用这一数据，本章还进一步确认了第五章提出的指标地区配置模式。对区县政府来说，指标用途配置的原则是实现财政收入的最大化。由于工业用地指标配置会促进工业税收的增长，居住用地指标配置会促进土地出让收入的增长，因此，区县政府会谨慎平衡工业用地和居住用地的配置规模。本章构建理论模型揭示，城市建成区的固定资产投资密度可以作为区县政府所受财政激励强度的度量变量。理论模型揭示，在正常情况下，区县政府所受财政激励越强，工业用地指标配置规模越大，居住用地指标配置越小。

基于实证研究结果，可用"逆人口集聚方向叠加偏向工业用途"概括中国城市建设用地指标的配置模式。研究结果首先表明，区县政府在指标配置时遵循了"财政收入最大化"的原则。尽管工业用地配置引致的城市就业和人口增长有助于提高居住用地配置水平，但这种效果的发挥可能需要较长时间，因此，短期内城市用地指标的配置会偏向工业用途，研究结果还表明，省级政府对指标的地区配置给予了平衡发展更高的关注，这也使得大城市尽管具有更强的人口集聚能力，但并不会分配到更多的指标。这种"逆人口集聚方向叠加偏向工业用途"的指标配置模式对中国的城市发展可能产生负面影响。

根据第二、第三、第四章的分析，中国的城市人口增长主要发生在大城市和大市场地区，而且随着户籍制度改革向大城市推进，大城市的人口还会进一步增长。但第五、第六章的研究表明，城市建设用地指标的配置模式却偏离人口集聚的方向。具体表现为：迁移人口最多的大城市获得的指标反而较少，同时建设用地指标中用于居住用途的比例又被工业用地挤压。这导致了三个方面的城市发展成本：一是在人口集聚地，偏少的建设用地指标配置推高了房价，制造了更高的城市发展成本。二是当指标激发了地方政府借助债务融资进行城市建设，提高了系统性金融风险。对欠发达地区来说，这种风险很可能转化为现实。三是在人口迁出地，更多的指标使得城市的经济活动不够"密集"，增加了其利用规模经济实现发展的难度。①

　　因此，需要改革当前的城市建设用地供给制度，以促进城市化健康发展。一是城市建设用地指标的地区配置，应在事前顾及人口流动方向，将指标的投放与城市常住人口及其增长潜力挂钩，改变"人地挂钩"政策将"指标投放与事后的人口落户情况"相关联的做法。也就是说，应根据人口流动方向主动增加土地供给以促进人口落户，而不应被动地根据落户情况安排土地供应。因为没有"事前"主动的指标供应，哪里会有接下来的落户数量增长？这就要求在土地利用总体规划和年度计划的制定时，纳入人口流动因素，科学测算各级政府应分得的指标数量。二是要做对区县政府激励，改变其偏向工业用途的指标配置倾向。区县政府的指标配置之所以偏向了工业用途，是因为存在以 GDP 或财政收入增长为基本取向的地方竞争体制。若上级政府对区县发展绩效的考评不再使用单一的 GDP 标准，将有利于扭转城市建设用地指标配给过度偏向于工业的倾向，这对缓解城市居住用地供给不足，促进城市化健康发展有积极作用。

---

① 现实中，大量新城建在离主城区非常远的地方，如何实现可持续发展便成为了一个难题。

第三部分

人地错配引致的城市发展成本

第七章　中国建设用地指标配置
对住房市场的挤压效应

将第二、第三、第四章揭示的中国城市人口增长特征与第五、第六章揭示的中国城市建设用地指标配置模式对比，可以发现，中国城市建设用地供给的模式难以与城市人口增长的特征相容，这在人口集聚地区制造了更高的城市发展成本。在现实经济运行中，城市发展的成本是多样的，而其中最受关注的当属居住成本，房价也成为当下制约中国城市发展最为重要的因素。可以预期，当建设用地指标的配置偏离了人口集聚的方向，而有限的指标又因财政激励更多地配置于工业用途时，城市的居住用地供给和住房市场因此受到挤压，城市发展成本高企。这具体表现在两个方面：一是居住用地供给受到挤压将导致住房市场上的均衡销售面积下降，二是均衡房价将会上升。

从建设用地指标配置模式的角度来讨论住房市场的文献还处于空白状态。基于这一现实背景，本章首先展开了居住用地供给对住房市场影响的机制分析，然后在此基础之上构建计量模型，并利用第五、第六章的城市建设用地指标配置数据进行了三个方面的实证研究。一是研究多级政府的指标配置行为对人均居住用地供给规模（而不是相对于工业用地的比率）的影响，二是检验居住用地供给对住宅用地价格的影响，三是检验居住用地供给对商品住房销售量的影响。

第一节　建设用地指标配置与住房市场的逻辑关联

改革开放后，中国高速的经济增长伴随着大规模的人口迁移。在迁移的早期阶段，如何保障城市新增人口的就业机会被优先考虑。但随着经济发展水平的提高及社会的进步，中央政府和社会各界均认识到，仅以就业评价人口城市化质量并不合适。目前，中国急需实现从仅以就业为评价标准的"半城市化"到以全面的城市融入为评价标准的"完全城市化"的转变。让新增人口在城市拥有稳定居所是实现完全城市化的必要条件，但随着房地产价格在近十多年间的快速上涨，这一目标并不容易实现，由此在全社会引发广泛讨论。

为遏制房价过快上涨，一些地方政府先后出台了以"限购"为基本取向的需求管理政策，并取得了积极效果（陈钊和申洋，2021；米晋宏和刘冲，2017；Du and Zhang，2015；张德荣和郑晓婷，2013）。但面对房地产市场显著的地区分化，[①] 单一的限购政策与三、四线城市的去库存目标相悖，因此"因城施策""租售并举"被提倡，这有助于提高需求管理政策的灵活性，并预期会取得良好效果。不过，在强调需求管理的同时，我们不应该忽视供给侧结构性改革在促进房地产市场健康发展中的作用。有研究显示，1950 年以来全球房价的快速增长主要由地价，而非建造成本的上涨导致（Knoll，Schularick and Steger，2017）。另有研究发现，我国平均的地价成本占到了房价的 37%，2010 年北京市的地价成本占房价的 60% 以上（Wu，Gyourko and Deng，2012）。在这一背景下，土地供给与房价会显著关联。不过两项相关研究表明：中国的土地供给政策是助推，而不是抑制了房价上涨。首先，偏向中西部的土地供应政策挤压了东部地区的土地供给，推高了东部地区的房价（陆铭等，2015）。其次，地方政府扩张工业用地，缩减住宅用地的供地模式也助推了房价上涨（范剑勇等，2015）。

因此，从促进房地产市场健康发展的角度看，急需对现有的土地供给制度进行改革。然而仅认识到改革的必要性是不够的，我们还需要在"改革改什么""从哪里切入""使用何种政策工具"等重要问题上，拥有更多更新的知识。作为改革的对象，中国城市建设用地供给制度的最大特征是其强烈的计划色彩。《中华人民共和国土地管理法》（以下简称《土地管理法》）第三章"土地利用总体规划"规定，地方政府的城市建设用地供给受制于"土地利用总体规划"和"土地利用年度计划"确定的建设用地指标，而"总体规划"和"年度计划"编制遵循的原则是："地方各级人民政府编制的建设用地总量不得超过上一级土地利用总体规划确定的控制指标。"因此，一旦中央政府确定了指标总量，土地供给问题的关键

① 李和吴（Li and Wu）利用 CFPS2010 年数据的研究结果显示，中国城市家庭平均的住房拥有率为 1.048，而世界平均水平为 0.6，一定程度上表明中国的住房供给在整体上是充裕的，房地产市场问题的症结在于地区分化。参见 Li and Wu. The Consequence of Having a Son on Family Wealth in Urban China [J]. Review of Income and Wealth, 2017 (63): 378–393.

随即转变为指标如何配置。尽管有文献指出了建设用地指标行政管理的弊端（金晓雨，2022；赵扶扬等，2021；陶然和汪晖，2010；蒋省三等，2007），梳理了中央政府关于土地指标管理的政策脉络（周其仁，2018；周飞舟和谭明智，2014），讨论了指标跨地区交易的可能性及其在提高建设用地配置效率中的作用（陆铭，2010，2011），但目前仍然缺乏识别指标配给模式对住宅用地市场影响的深入研究。

本章认为，中国用指标控制的建设用地供给会与住房市场产生逻辑关联。具体地，我国城市建设用地指标配置采用的"逆人口集聚方向叠加偏向工业的用途"配置模式，会对居住用地供给和住房市场产生显著的挤压效应，导致"人口、土地和住房"的空间错配。基于第五、第六章的研究结果，这一逻辑机制独特之处在于，中国的住房市场实际上受到多级政府指标配置行为的叠加影响，特定政府的指标配置对住房市场的作用效果会被另一级政府的行为放大。比如，省级政府总量指标逆人口集聚方向的地区配置行为对住房市场的影响，会被区县政府对建设用地指标的用途配置进一步放大。这种配置模式依次导致了两个方面的后果：一是居住用地配置受到挤压后推高了住宅用地的价格；二是对住房市场而言，均衡的商品住房销售面积会下降。

第二节　居住用地指标配置影响住房市场的计量模型

一、机制分析

（一）居住用地指标配置对住宅用地价格的影响

从土地供给的角度看，要抑制住宅用地价格过快上涨，就应基于人口城市化进程配置城市建设用地指标，这也是中央政府所倡导的。在中央层面，人口城市化已进入了政府的效用函数。但这一意图是否被省级政府有效贯彻，并体现在土地指标的区县间配置上，还需要考虑区域平衡发展战略下政府的城市规模偏好。第五章和第六章研究发现，建设用地指标的地区配置偏离了人口集聚的方向，这导致建设用地供给和人口城市化引致的土地需求失衡，进而产生两个方面的后果：一是助推快速城市化地区房地产市场价格的持续上涨，二是在人口净流出地区引致大量的房屋空置。另外，除地区配置失衡外，土地指标的用途配置失衡也会对住宅用地价格产生直接影响。如果区县政府对城市建设用地指标的配置偏向工业用途，缩减居住用地供给，那么房地产市场的区域失衡局面还会进一步加剧，首先会引致大城市和大市场地区的住宅用地价格上涨。

（二）居住用地指标配置对住房市场的影响

承接上一章，省级政府对指标的地区配置以及区县政府对指标的用途配置最终会影响到居住用地供给，并对住房市场产生影响。基于复旦大学王之和北京大学张庆华（Wang and Zhang，2014）的模型，[①] 城市人均住房销售面积和居住用地供给之间的关系可表达为：

$$\ln h^E = \pi_0 + \pi_1 \cdot \ln \overline{L} - \pi_1 \cdot \ln N + \pi_2 \cdot \ln W + \pi_3 \cdot \ln P_M \quad (7.1)$$

其中，h^E 表示均衡的人均住房销售面积。

$\pi_1 > 0$，表示居住用地指标（$\ln \overline{L}$）放松了对住房市场的约束，而城市人口规模（$\ln N$）则对住房市场产生了挤压。$\pi_2 \cdot \ln W$ 和 $\pi_3 \cdot \ln P_M$ 分别捕捉了家庭可支配收入和房屋的建造成本对均衡的房屋销售面积的影响。

由于不同层级的政府掌握的指标配置权力并不相同，因此他们的行为对住房市场的影响有所不同。为了显示这种差别，进一步将式（7.1）中的居住用地供给 $\overline{L}$ 分解为建设用地供给总量（ΔL）和居住用地的配置比例（Φ）。前者是省级政府地区配置的结果，后者是区县政府用途配置的结果，进而得到：

$$\ln h^E = \pi_0 + \pi_1 \cdot \ln L + \pi_1 \cdot \ln \Phi - \pi_1 \cdot \ln N + \pi_2 \cdot \ln W + \pi_3 \cdot \ln P_M$$
$$(7.2)$$

这样一来，均衡的人均住房销售面积既受省级政府下达的城市建设用地指标总量的影响，也受区县政府对居住用地配置比例的影响。财政激励下的区县政府有扩张工业用地、缩减居住用地的倾向，因此，总量建设用地指标对人均住房销售面积的影响在不同类型的区县会有所差异。基于第六章的发现，在强财政激励的区县，地方政府会更多地压缩居住用地供给，导致 ΔL 对 h^E 的影响力不足。这意味着总量建设用地指标配置对住房市场的积极影响会被区县政府的用途配置行为削弱。

二、计量模型

（一）居住用地指标配置模型

在两阶段指标配给模式下，居住用地供给是省级政府地区配置和区县

---

① 根据王之和张庆华的模型设定，$\pi_0 = \delta_0 + \phi_0 \delta_2$，$\pi_1 = -\delta_2 \phi_3 > 0$，$\pi_2 = \delta_1 + \phi_1 \delta_2$，$\pi_3 = \phi_4 \delta_2$。

政府用途配置共同作用的结果，而居住用地的供给模式又是进一步展开住房市场研究的基础。因此，在对住房市场展开分析之前，有必要考察影响人均居住用地供给的因素。为此设定计量模型（7.3），考察财政激励下的区县政府是否压缩了居住用地供给？人口集聚能力更强的大城市是否获得了更多的居住用地指标投放？

$$
\begin{aligned}
\ln(\Delta l_{H_{i,t}}) = {} & \alpha_0 \cdot \ln(\Delta l_{H_{i,t-1}}) + \alpha_1 \cdot \ln(\kappa_{i,t}) + \alpha_2 \cdot \ln(N_{i,t}) \\
& + \beta \cdot \ln(X_{i,t}) + \gamma \cdot \ln(Z_{i,t}) + \varepsilon_i + \mu_{i,t}
\end{aligned} \tag{7.3}
$$

其中，因变量 $\Delta l_{H_{i,t}}$ 为区县 i 在 t 年新增的人均居住用地指标，核心的解释变量是投资密度 $\kappa_{i,t}$ 和城市规模 $N_{i,t}$，其他变量的定义同第六章用途配置模型（6.9）。

模型中 α_1 和 α_2 的符号暂没有明确预期，因为尽管更大投资密度可能会提高省级政府投放的总量建设用地指标，但区县政府并不必然配置更高的居住用地比例。同样，即便大规模城市获得了更多的总量指标，但居住用地指标的配置还要取决于区县政府的用途行为。

（二）住房市场模型

基于模型（7.2），住房市场模型主要考察建设用地供给总量和居住用地占比对住房市场的影响，这包括两个方面的研究主题：一是建设用地供给总量和居住用地占比对住宅用地出让价格的影响；二是建设用地供给总量和居住用地占比对住房销售量的影响。设定计量模型：

$$
\begin{aligned}
\ln(h_{i,t}) = {} & \alpha_0 \cdot \ln(h_{i,t-1}) + \alpha_1 \cdot \ln(\Delta L_{i,t-1}) + \alpha_2 \cdot \ln(r_{i,t-1}) \\
& + \beta_1 \cdot \ln(N_{i,t}) + \beta_2 \cdot \ln(W_{i,t}) + \gamma \cdot \ln(Z_{i,t}) \\
& + \varepsilon_i + \vartheta_t + \mu_{i,t}
\end{aligned} \tag{7.4}
$$

其中，$h_{i,t}$ 是区县 i 在 t 年的人均商品住房销售面积。直接的解释变量应该是模型（7.3）中的人均居住用地供给 $\Delta l_{H_{i,t}}$。考虑到人均居住用地供给受多级政府指标配置行为影响，因此将其拆分为两个核心解释变量：一是省级政府在 t 年下达给区县 i 的新增建设用地指标总量 $\Delta L_{i,t}$；二是区县政府配置的居住用地指标比例 $r_{i,t}$。考虑到房地产开发的时滞效应，变量 $\Delta L_{i,t-1}$ 和 $r_{i,t-1}$ 作了一阶滞后处理。$N_{i,t}$ 是区县人口规模，$W_{i,t}$ 是城镇居民人均可支配收入，$Z_{i,t}$ 是其他控制变量向量。ε_i 是区县固定效应，ϑ_t 是年份固定效应，$\mu_{i,t}$ 是随机误差项。

加入因变量的一阶滞后项捕捉住房市场的动态特征。所有变量均取对数形式。由于没有系统的区县层面的住宅价格数据，因此研究使用住宅用地价格作代理变量，此时被解释变量为区县 i 在 t 年的每一宗住宅用地的出让价格。

若回归分析获得了 α_1 和 α_2 显著为正的结果，则表明住房市场受到省级和区县政府行为的共同影响。在这种情况下，将进一步聚焦于两级政府对住房市场影响的叠加效应。本章的逻辑是，随着区县政府所受财政激励的增加，居住用地的供给比例减小，从而弱化省级政府的指标投放对住房市场的积极影响。为检验这一逻辑，我们仍将考察计量模型（7.4），只不过我们将这一模型应用于高财政激励组别和低财政激励组别。根据第六章发现的建设用地指标用途配置模式，随着区县政府所受财政激励水平的提高，总量建设用地指标对人均住房销售面积的影响将由正转负。

三、变量描述

省级政府的地区配置和区县政府的用途配置最终会落实到人均居住用地供给上来，利用第六章使用的江苏省土地利用年度计划数据，表 7-1 统计了区县人均商品住房用地指标与城市规模和投资密度之间的关系。首先，区县人均住房用地指标没有随城市规模增长而提高，反而显示了一定的下降趋势。原因如第五章和第六章所述，建设用地指标的地区配置没有与人口集聚的方向保持一致（见表 7-1）。其次，随着投资密度的提高，人均商品住房用地供给也趋于下降。原因如第六章所述，随着投资密度的提高，指标配置偏向了工业用途，对居住用地供给产生了挤压效应。

表 7-1　　　　　分城市规模、投资密度与人均商品住房用地供给

城市规模等级	投资密度等级			
	低	中	高	平均值
小	1.614	1.235	1.088	1.256
中	1.274	0.851	0.973	0.984
大	1.083	1.093	1.092	1.090
平均值	1.292	1.070	1.041	1.110

进一步从两个维度考察城市建设用地指标配置对人均商品住房销售面积的影响：一是省级政府向区县下达的人均建设用地指标总量，按少、中、多三个等级划定；二是区县政府对居住用地的配置比例，按低、中、高三个等级划定。表 7-2 所示的统计结果显示：右下方的数值大于左上方的数据，表明随着总量建设用地指标的增长和居住用地配置比例的提高，人均商品住房销售面积显著增长，这证实了本章提出的两阶段指标配置模型的解释力。

表 7 - 2	建设用地指标配置与人均商品住房销售面积			
人均建设用地 供给等级	居住用地配置比例等级			
	低	中	高	平均值
少	0.953	1.043	0.937	0.972
中	0.995	1.027	1.038	1.021
多	0.939	0.964	1.594	1.083
平均值	0.960	1.011	1.102	1.026

注：人均建设用地等级的两个等分点分别是 4.4 平方米/人和 6.5 平方米/人，商品住房用地占比等级的两个等分点分别是 13.2% 和 23.4%。

本章将要进一步检验的逻辑是，受到强财政激励的区县，倾向于扩张工业用地供给、缩减居住用地供给，从而使得省级政府的人均建设用地配置对人均住房销售面积没有显著影响。表 7 - 2 数据显示，在受到强财政激励的低居住用地配置比例组（第 1 列），人均建设用地增加并没有显著增加人均住房销售面积，但在高居住用地配置比例组（第 3 列），情况则完全相反，这初步验证了住房市场会受到多级政府行为的叠加影响。

第三节　建设用地指标配置对住房市场影响的实证检验

一、居住用地指标配置的影响因素

居住用地指标是省级政府地区配置和区县政府用途配置共同作用的结果。基于前文发现的地区配置模式和用途配置模式，我们不妨先对居住用地指标的配置逻辑作一简单预测。首先，在人均建设用地指标既定的条件下，出于对财政收入的追求，地方政府会有增加工业用地指标配置比例、压缩居住用地指标比例的激励，这种用途配置模式使得人均居住用地指标受到挤压。因此，预期投资密度对人均居住用地指标会产生显著的负面影响。其次，大城市获得的建设用地指标总量更少，这倾向于压缩居住用地指标。不过大城市居住用地配置比例可能更多（见表 6 - 4），因此城市规模对人均居住用地指标的影响没有明确预期。

回归结果（见表 7 - 3）显示，投资密度对人均居住用地指标产生了显著的挤压效应：投资密度每提高 1 个百分点，人均居住用地指标下降 0.9 个百分点。原因是财政激励下的区县政府努力提高城市建成区的投资密度，增加工业用地供给。如果省级政府并不会因此向区县投放更多的总量指标，那么居住用地指标必然受到挤压。回归结果还显示：城市规模对人均居住用地指标有不显著的负向影响，这与前文的预期是一致的。同时这也表明，人均居住用地指标还是没有与人口集聚方向保持一致。无论使用常住人口，还是使用城镇家庭户数量度量城市规模，结论不变。原因在于：在区域平衡发展战略下，省级政府的指标投放表现出了"规模厌恶"的特征，大城市获得的人均建设用地指标更少。

表 7 − 3　　　　　　　　　　人均居住用地指标配置的影响因素

变量	$\ln(\Delta l_{i,t})$：区县的人均居住用地指标	
	结果（1）	结果（2）
$\ln(\Delta l_{i,t-1})$	0.580 *** (0.202)	0.466 *** (0.153)
$\ln(\kappa_{i,t})$	− 0.895 *** (0.273)	− 0.953 *** (0.341)
$\ln(N_{i,t})$	− 0.209 (0.196)	
$\ln(F_{i,t})$		− 0.213 (0.164)
$\ln(X_{i,t})$	是	是
$\ln(Z_{i,t})$	是	是
年份固定效应	是	是
地区固定效应	是	是
常数项	是	是
观测值	270	270
Arellano-Bond test AR（1）p 值	0.022	0.015
Arellano-Bond test AR（2）p 值	0.584	0.557
Hansen test p 值	0.463	0.500

注：括号中为经过区县—年份层面聚类调整的稳健标准误，*** 表示回归系数在1%的水平上显著。

人口集聚区的居住用地指标因此受到严重的负面影响。在中国，工业化和城市化在空间上高度重合，沿海人口集聚区也是中国工业化水平最高的地区。在这些地区，工业用地供给的税收效应显著，根据表7 − 3的回归结果，财政激励显著降低居住用地指标比例。同时，第三章研究发现，大市场地区更容易诞生大规模城市，而建设用地指标配置又显著偏离了大城市（见表6 − 8），因此大城市的（人均）居住用地指标配置并不显著更多。这意味着在现实中，对于"北、上、广、深"这些人口的主要集聚地，一方面建设用地指标总量配置不足，另一方面又将有限的指标主要配置于工业用途，这种建设用地指标配置模式必将对住房市场产生显著的挤压效应。

二、居住用地指标对住宅用地价格的影响

基于前文的实证研究结果，城市建设用地指标的地区配置偏离了人口集聚的方向，同时偏向工业用途的指标配置又对居住用地配置产生挤压，这必然导致住宅用地价格上涨。不过住宅用地价格是土地供给和需求共同作用的结果，因此要识别供给对地价的影响，需要同时在回归模型（7.4）中控制需求因素的影响，因此控制变量 $Z_{i,t}$ 涉及（1）区县经济发展水平，使用人均 GDP 度量；（2）区县产业结构，使用工业增加值占比、第三产业增加值占比度量；（3）区县开放度，使用出口和 FDI 占比度量；（4）城乡居民收入及差距，使用城镇居民人均可支配收入和城乡居民收入差距度量；（5）区县 2000 年城镇常住人口规模和 2000 ~ 2010 年城镇常住人口增长率；（6）区县 2000 年城镇常住人口占比和 2000 ~ 2010 年城镇常住人口占比增长率。由于我们使用的是江苏省区县层面的居住用地指标，因此上述度量需求因素的数据均采集于《江苏统计年鉴》。

被解释变量为 2012 ~ 2016 年江苏省各区县出让的住宅用地价格。数据利用中国土地市场网信息查询系统采集，共获得 17487 宗住宅用地的成交价格、面积、土地来源（新增建设用地/现有建设用地）、供地方式（协议/招标/拍卖/挂牌/租赁/划拨）、土地级别（未评估地区/1 ~ 18 级）、土地用途（普通商品住房用地/高档住宅用地/公共租赁住房用地/经济适用住房用地/廉租住房用地）的信息。回归分析前作了两方面的数据清理：一是土地利用年度计划只向区县投放新增建设用地指标，因此进入回归分析只包括了来源于新增建设用地指标的样本，不包括来源于现有建设用地指标的样本；二是考虑到免费供给的土地可能没有准确反映市场供求关系，故在回归分析时剔除了没有价格信息且价格为 0 的样本，最终使用到的样本量为 4619 个。

计量方法选择上重点考虑解决核心解释变量的内生性问题。中央政府十分重视对房地产价格的调控，尽管主要的策略是需求管理，但随着地价走高，中央也会要求地方政府加大建设用地指标投放力度。同时，地方政府也可能根据地价的走势安排住房用地供应，这种策略性的土地出让反映的是地价对土地供给的影响，而不是相反。这里使用工具变量估计消除内

生性。选择的工具变量包括：（1）土地利用总体规划中确定的各区县在2010~2020年的建设用地指标总量；（2）2010年区县粮食作物播种面积占比；（3）1994年区县增值税占比。

首先，基于中国的建设用地指标分配制度，土地利用总体规划中确定的指标总量能够稳定影响到规划期内的指标供给，且该变量是一个前定变量，后续年份的住宅用地价格无法对这一变量产生反向影响。其次，粮食作物播种面积占比对建设用地供给可能产生两个方向的影响：一方面，在粮食主产区增加建设用地指标有违国家粮食安全战略，因此，区县粮食作物播种面积占比越大，获得的建设用地指标可能越少；另一方面，粮食作物播种面积占比越大的地区，土地质量总体更高，人口更为密集，① 因此，土地开发成本越低，收益越高，这又会激励对耕地的占用。最后，区县增值税占比能够影响到区县所能获得的指标总量，以及住宅用地供给的比例，同时将变量滞后到1994年以增强外生性。

工具变量估计的一阶段结果如表7-4所示。结果显示：规划期内（2010~2020年）区县新增建设用地指标总量对年度新增建设用地有显著为正的影响，但对商品住房用地占比的影响不显著。2010年粮食作物播种面积占比越大，区县年度新增建设用地指标越多，显示了粮食主产区良好的土地开发前景对地方政府土地开发的激励作用。但该变量对住宅用地占比的影响显著为负，表明粮食主产区的土地指标主要用于住房开发以外的用途。1994年增值税占比对区县年度新增建设用地的影响不显著，但对住用地占比有10%的显著水平的负向影响，表明在曾经工业基础良好的地区，土地指标更多地用于工业用途，这也与前面的理论预期和实证结果一致。弱工具变量检验的F值为79.958，表明工具变量和内生变量有紧密的相关性。

表7-4 工具变量估计一阶段回归结果

项目	年度人均新增建设用地	商品住房用地占比
2010~2020年城镇人均新增建设用地	0.075 *** (0.027)	-0.192 (0.140)
2010年粮食作物播种面积占比	0.038 ** (0.017)	-0.259 ** (0.101)

---

① 因为大宗的粮食作物一般播种于相对平整的地块，而经济作物一般适于在山地、丘陵地带播种。

项目	年度人均新增建设用地	商品住房用地占比
1994 年增值税占比	−0.052 (0.032)	−0.378 * (0.210)
2000 年城镇常住人口规模	−0.058 *** (0.011)	−0.400 *** (0.0634)
2000 ~ 2010 年城镇常住人口增长率	−0.058 *** (0.009)	0.065 (0.066)
2000 年城镇常住人口占比	−0.044 (0.027)	0.006 (0.169)
2000 ~ 2010 年城镇常住人口占比增长率	−0.002 (0.025)	−0.2216 (0.208)

注: 括号中为经过区县—年份层面聚类调整的稳健标准误, ***、**、* 分别表示回归系数在1%、5%和10%的水平上显著。

另一组值得关注的变量是城市化水平及速度对土地供给的影响。回归结果显示, 2000 年城镇常住人口对区县年度新增建设用地及住宅用地占比有显著的负向影响, 2000 ~ 2010 年城镇常住人口增长率对区县新增建设用地的影响也显著为负, 表明省县两级政府均没有基于城市化前景配置建设用地指标, 这与第五章和第六章的发现一致。区县的城镇常住人口占比及其增长速度对两个核心变量的影响尽管不显著, 但大多数情况下为负。

表 7-5 显示了土地指标配置对住宅用地价格的影响。回归结果显示, 年度人均新增建设用地指标的总量和居住用地指标占比对住宅用地价格的影响均为负, 但仅后者在5%的水平上显著。这表明居住用地指标供给具有平抑地价的功能, 但这一作用主要取决于区县政府。原因在于: 即便省级政府向区县投放了更多的总量指标, 但区县不将指标用于居住用途, 最终的居住用地指标也不充裕。具体来看, 住宅用地占比对地价的边际影响为 107 元, 样本中地价的均值为 3185 元/平方米, 这意味着住宅用地占比增加 10 个百分点, 地价便可下降约 1/3。

需要进一步指出的是, 交叉项 "住宅用地占比 × 城市规模" 在5%的水平上显著为正。这表明随着城市规模的提高, 住宅用地占比在平抑地价的作用会逐步衰减。基于回归结果, 住宅用地供给对地价的影响在不同规模城市具有异质性。当城市规模较小时, 增加供给会降低地价。但随着城市规模的增长, 住宅用地占比在平抑地价上的作用趋于消失。①

———————————

① 根据回归结果计算, 临界的城市规模约为 107 万人。

表 7-5 　　　　　　　　　土地供给对住宅用地价格的影响

（工具变量估计；因变量：住宅用地价格）

解释变量	系数	解释变量	系数
年度人均新增建设用地	-207.426 (305.018)	FDI 占比	2448.178 ** (1083.438)
住宅用地占比	-106.548 ** (48.008)	城镇居民人均可支配收入	0.270 ** (0.116)
年度人均新增建设用地×城市规模	0.281 (3.337)	城乡居民收入差距	-1621.502 (1490.450)
住宅用地占比×城市规模	1.009 ** (0.514)	2000 年城镇常住人口	-12.070 (33.466)
人均 GDP	-184.848 (157.408)	2000~2010 城镇常住人口增长率	20.624 (19.188)
工业增加值占比	-133.845 ** (55.638)	2000 年城镇常住人口占比	47.238 ** (19.678)
第三产业增加值占比	-94.569 (78.880)	2000~2010 城镇常住人口占比增长率	-5.084 (26.773)
出口占比	40.411 (175.281)		
Observations	4619	Adjusted R^2	0.460
F	14.733	p	0.000
Hansen J statistic	0.117	Chi-sq（1）P-val	0.732

注：（1）回归分析时同时控制了土地级别、出让方式、土地用途、区县类型、地级市和年份虚拟变量，因篇幅原因未报告。（2）括号中为经过区县—年份层面聚类调整的稳健标准误，**表示回归系数在 5% 的水平上显著。

　　上述结论具有合理性。住宅用地供给对地价的边际影响取决于住宅用地需求曲线的形状。若需求曲线具有负斜率，供给增加必将导致均衡价格下降，但若需求曲线斜率为正，供给增加不仅不会降低均衡价格，反而会引起价格上升。与普通商品不同，房屋不仅能够为消费者提供居住服务，还具有较高的投资价值。在大城市，一方面住宅用地供给不足，另一方面因人口集聚导致需求扩张，这种短缺经济使得大城市住宅更具投资价值。而对具有较高投资价值的商品，消费者行为具有明显的追涨效应，需求曲线斜率就有可能为正。另外，从标准的需求理论来看，房地产价格上涨既有替代效应，也有收入效应。房价上涨的替代效应会减少房屋需求，但收入效应会增加房屋需求。若收入效应大于替代效应，需求曲线斜率为正。这种情况在一线城市更有可能发生。

　　当然，这并不意味着平抑大城市地价的过快上涨，应减少住宅用地供给。相反，大城市住房的投资价值与土地供给不足密切相关，因此，只有在大城市增加住宅用地供给，才能将住房的主要功能集中到为消费者提供居住服务上来，才能与中央关于"房子是用来住的、不是用来炒的"的定位保持一致，才能发挥土地供给在地价调控中的作用。不过在现实中，规模越大的城市，人均新增建设用地供给和住宅用地供给占比往往更低。这里以苏、锡、常、宁4个城市为例，2012～2016年，建设用地供给为人均5.03平方米，住宅用地供给占比25.8%，地价9866元/平方米，而其他城市的这三个指标分别为5.98平方米、32.9%和2254元/平方米。因此，从促进房地产市场健康发展的角度，急需扭转目前这种不基于人口城市化前景供给土地的做法，切实增加大城市的住宅用地供给。

进一步建立对数—线性模型和双对数线性模型考察住宅用地供给对地价的影响，以检验表7-5中回归结果的稳健性。如表7-6所示，居住用地指标占比每增加1个百分点，地价约下降5%。另外，城市规模增加100万人，住宅用地供给占比对地价的边际影响下降5%。这与表7-5得到的结果完全一致：住宅用地供给占比对地价的平抑作用在100万人口的城市趋于消失，印证了前文结果的稳健性。不过，双对数模型的回归结果与线性、对数—线性模型的回归结果不一致。年度人均新增建设用地和住宅用地占比的每百分比的变化并没有对地价的变化产生负向影响。这表明：仅以相对量（即增长率）为标准增加住宅用地供给，不足以起到抑制地价上涨的效果。这一结论与上述事实在逻辑上是一致的，决定地价变动的不是相对量的变化，而是绝对量的变化。在一些相对量增幅较大，但绝对量增幅较小的城市，地价并不会出现明显的下降。这往往是一些大城市，它们的人均住房用地供给的起点偏低，相对量更容易出现较大幅度的增长。但从绝对量上来看，增长幅度往往比较有限，不足以起到抑制地价上涨的效果。因此，双对数模型回归结果不是对前文结论的否定，而是印证。

表7-6　　　　住宅用地供给对地价影响的稳健性检验（工具变量估计）

对数—线性模型		双对数模型	
年度人均新增建设用地	-0.021 (0.110)	ln（年度人均新增建设用地）	2.299 (1.591)
住宅用地占比	-0.048 *** (0.018)	ln（住宅用地占比）	0.711 (1.260)
年度人均新增建设用地 × 城市规模	0.0003 (0.0012)	ln（年度人均新增建设用地）×城市规模	-0.021 (0.014)

对数—线性模型		双对数模型	
住宅用地占比×城市规模	0.0005 ** (0.0002)	ln（住宅用地占比）×城市规模	−0.005 (0.008)
其他控制变量	是	其他控制变量	是
Observations	4619	Observations	4619
Adjusted R^2	0.397	Adjusted R^2	0.280
F	23.603	F	25.399
p	0.000	p	0.000
Hansen J statistic	0.125	Hansen J statistic	0.083
Chi−sq (1) P-val	0.724	Chi−sq (1) P-val	0.773

注：（1）回归分析时包括了表7-5中的所有变量，因篇幅原因未报告。（2）括号中为经过区县—年份层面聚类调整的稳健标准误，***、**分别表示回归系数在1%、5%的水平上显著。

三、居住用地指标配置对人均住房销售面积的影响

居住用地指标，特别是区县政府配置的居住用地比例能够很好地起到抑制住宅用地价格的作用，因此增加居住用地指标对住房市场会产生两个方面的影响：一是降低均衡的商品住宅价格，二是提高均衡的商品住宅销售量。基于现有的数据基础，只能从销售量的角度进行考察。我们分四步解析：首先，考察人均居住用地指标 $\ln(\Delta l_{H_i,t-1})$ 的作用，回归结果参见表7-7结果（1）。其次，将人均居住用地指标的影响分解为居住用地指标总量 $\ln(\Delta L_{H_i,t-1})$ 和常住人口规模 $\ln(N_{i,t})$ 的作用，预期前者的影响为正，而后者为负，参见表7-7结果（2）。再次，考察建设用地供给总量 $\ln(\Delta L_{i,t-1})$、居住用地配置比例 $\ln(r_{i,t-1})$ 和常住人口规模 $\ln(N_{i,t})$ 的影响，预期前二者的影响为正，后者为负，参见表7-7结果（3）。最后，考察建设用地总量供给、居住用地配置比例、城镇家庭户数量 $\ln(F_{i,t})$ 的影响，预期前二者影响为正，后者为负，参见表7-7结果（4）。

表7-7　　　　　居住用地指标对住房销售的影响

变量	$\ln(h_{i,t})$：人均商品住房销售面积			
	结果（1）	结果（2）	结果（3）	结果（4）
$\ln(h_{i,t-1})$	0.404 ** (0.196)	0.360 ** (0.150)	0.382 ** (0.154)	0.438 *** (0.148)
$\ln(\Delta l_{H_i,t-1})$	0.111 ** (0.050)			

变量	$\ln(h_{i,t})$：人均商品住房销售面积			
	结果（1）	结果（2）	结果（3）	结果（4）
$\ln(\Delta L_{H_i,t-1})$		0.168 *** (0.057)		
$\ln(\Delta L_{i,t-1})$			0.150 *** (0.057)	0.179 *** (0.067)
$\ln(r_{i,t-1})$			0.173 *** (0.063)	0.183 *** (0.071)
$\ln(N_{i,t})$		-0.058 (0.116)	0.040 (0.139)	
$\ln(F_{i,t})$				0.010 (0.180)
$\ln(Z_{i,t})$	是	是	是	是
年份固定效应	是	是	是	是
地区固定效应	是	是	是	是
常数项	是	是	是	是
观测值	270	270	270	270
Arellano-Bond test AR（1）p 值	0.112	0.110	0.111	0.102
Arellano-Bond test AR（2）p 值	0.304	0.383	0.370	0.333
Hansen test p 值	0.358	0.564	0.934	0.953

注：括号中为经过区县—年份层面聚类调整的稳健标准误，*** 、** 分别表示回归系数在 1%、5% 的水平上显著。

回归结果与理论预期基本一致。首先，人均居住用地指标对人均商品住房销售面积有显著为正的影响，相应的弹性系数为 0.111，且在 5% 的水平上显著。进一步将人均居住用地分解为居住用地总量和常住人口规模两个变量，发现前者仍显著提高了人均住房销售面积，常住人口规模的影响为负，但不显著。其次，在此基础上将居住用地总量分解为建设用地总量和居住用地配置比例，同时控制城市人口规模，发现二者对人均住房销售面积有显著为正的影响，相应的弹性系数分别为 0.150 和 0.173，二者均在 1% 的水平上显著，此时常住人口规模的回归系数为正，但不显著。如果进一步使用城镇家庭户数量度量城市规模，结论不变。

回归结果揭示出：无论是省级政府投放给区县的建设用地指标总量，还是区县政府配置的居住用地比例，均对人均住房销售面积产生了显著的正向影响。这意味着居住用地指标配置的确可以作为缓解住房市场紧张状态的手段来使用。然而前文揭示了省级政府的土地供给与人口流动方向完全相反，而区县政府的居住用地配置又受到来自工业用地供给的挤压，因此，在实践中，居住用地指标配置政策不仅没有缓解住房市场的紧张状态，反而加剧了供求矛盾。究其原因，既在于省级政府实施了对大城市发展空间进行管制的政策，也在于财政激励下的区县政府缺乏增加居住用地指标的内在动力。

为了揭示两级政府行为对住房市场的交互影响，进一步按投资密度的大小进行分样本回归。这里的逻辑是，居住用地指标是省级政府和区县政府共同作用的结果，省级政府投放给区县的建设用地指标总量对人均住房销售面积的影响力，就要取决于区县政府的用途配置情况。在那样一些投资密度高的区县，居住用地更多地被工业用地挤占，从而降低总量指标投放对住房供给的积极影响。样本中投资密度的均值是 7.5 亿元/平方千米，以此为分界点将样本分割为两组，回归结果显示（见表 7 - 8）：在低投资密度组中，区县所获得的建设用地指标每提高 1%，人均住房销售面积将增加 0.276%，回归系数在 5% 的水平上显著，这与前文结论一致。但在高投资密度组中，情况截然相反，相应的弹性系数为 - 0.208%，且回归结果在 10% 的水平上显著。此时，省级政府的指标投放不仅没有提高，反而降低了均衡的销售量，这只能由区县政府将更多的指标用于工业用途来解释。

表 7 - 8　　　　　财政激励下的建设用地指标配给对住房市场的影响

变量	$\ln(h_{i,t})$：人均商品住房销售面积	
	结果（1）：$\kappa < 7.5$	结果（2）：$\kappa > 7.5$
$\ln(h_{i,t-1})$	0.167 (0.212)	0.036 (0.134)
$\ln(\Delta L_{i,t-1})$	0.276** (0.133)	- 0.208* (0.110)
$\ln(F_{i,t})$	- 0.265 (0.321)	0.503** (0.229)
$\ln(Z_{i,t})$	是	是
年份固定效应	是	是
地区固定效应	是	是
常数项	是	是
观测值	137	133
Arellano-Bond test AR（1）p 值	0.202	0.247
Arellano-Bond test AR（2）p 值	0.871	0.698
Hansen test p 值	0.995	0.954

注：括号中为经过区县—年份层面聚类调整的稳健标准误，** 、* 分别表示系数在 5%、10% 的水平上显著。

一方面，人口向大城市集聚，但建设用地指标却偏向中小城市投放；另一方面，在财政激励下，区县政府又将指标偏向工业用途配置，导致居住用地和住房供给受到挤压。两方面力量共同作用，最终导致了中国"人口、土地和住房"的空间错配，推高了城市发展成本。

第四节　本章小结

本章基于我国城市建设用地供给受制于一个"从中央到地方""先地区后用途"的指标配置制度的事实，提出了"住房市场会受到多级政府指标配置行为的叠加影响"的假说，指出省级政府对指标的地区配置行为和区县政府对指标的用途配置行为会对住房市场产生挤压效应。实证研究结果显示，逆人口集聚方向的城市建设用地指标地区配置模式，叠加偏向工业的用途配置模式，减少了人均居住用地指标，提高了住宅用地出让价格。而无论是提高建设用地指标总量，还是增加居住用地指标配置比例，均能提高人均商品住宅销售面积。这意味着，我国逆人口集聚方向叠加偏向工业用途的建设用地指标配置模式，导致了"人口、土地和住房"的空间错配，推高了城市发展成本。

已有文献认为，高房价是城市发展的最大障碍（Gyourko and Molloy，2014）。基于中国的城市建设用地指标配置模式，经济集聚地更少的指标产生了高额城市发展成本。另外，在区域平衡发展战略下，落后地区获得了更多的建设用地指标，这是否能如官方所期望的那样促进城市发展？答案并不确定。这是因为，对于一个没有繁荣经济活动密布其间的城市，进一步的空间扩张反而导致效率损失。所谓的"新城之殇"便是典型写照（常晨和陆铭，2017）。

欠发达地区更多的建设用地指标还有可能带来其他形式的意外成本。在官方看来，建设用地指标可以被用作推动落后地区发展，实现区域平衡战略的重要手段，但这种良好期望较难实现。在"以地生财，以财养地"的城市发展模式下，地方政府会使用收储的土地抵押融资。这样一来，建设用地指标既可以成为地方政府的发展资源，也可以演变为地方政府的债务负担。若是后者，就会对地方政府的公共支出结构和公共服务能力产生负面影响，阻碍城市可持续发展。

第八章 指标、债务与公共支出结构失衡

城市发展既需要大量的基础设施投入，也需要大量的公共服务投入，这两项成本一般由公共财政负担。理查德·A.马斯格雷夫和佩吉·B.马斯格雷夫（2003）认为，经济发展中的公共支出有阶段性特征，初级阶段的公共支出集中于基础设施，中级阶段集中于教育、安全、卫生等公共消费，而成熟阶段集中于解决收入分配公平问题。过去一段时间内，中国城市发展的公共支出集中于基础设施，这不仅是由经济发展阶段决定的，也与中国式分权引致的公共支出结构"重基本建设，轻人力资本投资和公共服务"密切相关。2020年，中国常住人口城镇化率已超过60%，城市化进入中后期阶段，此时应注重基础设施支出和公共服务支出的平衡。

"土地财政"为中国城市发展提供资金支持。在本书的视角里，"土地财政"模式与城市建设用地指标配置密切相关，这表现在两个方面：一是建设用地指标决定着城市建设用地供给规模，这直接影响着地方政府所能获得的土地出让收入规模；二是城市建设用地指标是撬动"土地融资"的杠杆，能够帮助地方政府在金融市场上以土地抵押的方式获取城市建设资金。土地财政的研究文献十分丰富（周飞舟，2006，2010；范剑勇和莫家伟，2014；付敏杰等，2017；汪冲，2019；梅冬州和温兴春，2020；赵扶扬，2022），但是，少有研究将建设用地指标与土地财政关联。本书的观点是，建设用地指标会向地方债务转化。当地方政府获得了更多的建设用地指标后，其用于抵押融资的资源也就越多，这助推了地方政府债务增长。而为了偿债，地方政府的公共支出会进一步偏向具有生产性的基础设施，制约公共服务支出增长。

第一节　公共支出结构失衡的根源

一、税收激励

改革开放以来，随着国民经济的快速增长和国民收入水平的迅速提升，地方城市公共品的供给数量和质量发生了巨大的飞跃，但地方政府对不同类型的城市公共品供给会产生不同的兴趣。从实践上来看，以基础设施建设为代表的经济性公共品供给充裕，而以教育、医疗和社会保障为代表的非经济性公共品供给相对短缺。21世纪以来，一方面，基础设施建设以突飞猛进的速度发展。例如，全国高速公路通车里程从2000年底的1.6万千米上升到2020年底的16万千米，增长10倍。其他如铁路、民航、水运等构成的交通运输网络，以及信息通信、能源设施、市政建设等也有了日新月异的变化。另一方面，如"上学难""看病难"等公共服务供给缺乏的问题却长期没有得到明显改善。在城市中，基本公共服务长期不向流动人口提供也是中国城市发展中的一个典型事实。

地方公共支出结构偏向基础设施，与税收激励密切相关。第一，从晋升竞争的角度出发，地方政府需要从辖区的经济扩张中获取财政收入，以求取得经济建设绩效和职位晋升，即"为增长而竞争"（张军和周黎安，2008；周黎安，2007；Li and Zhou，2005）。经济性公共品供给对吸引资本流入和促进经济扩张有显著贡献，因此在和非经济性公共品的权衡中，地方政府公共支出偏向基础设施、忽略公共服务就不可避免（傅勇，2010；傅勇和张晏，2007；张军等，2007）。第二，从"土地财政"的视角出发，大量的研究表明，"土地财政"通过"自我累加"机制造成地方政府支出偏向（郑安和沈坤荣，2017），并进一步导致偏向经济性公共物品和投资周期短的非经济性公共物品的倾向（严思齐等，2017）。左翔和殷醒民（2013）指出，由于地方政府能够通过非市场化手段获取土地资源，再以市场化的价格出售土地，从而获取高额的"垄断利润"。在追逐土地出让金和"以地引资生税"两种机制的共同作用下，地方政府会将更多的财政资源投入经济性公共品提供中，教育、医疗等公共服务受到忽视。陶然等（2009）指出，扩张工业用地压缩商住用地的供地策略可以最大化地方财政收入，这必然使得城市公共投资偏向基础设施。

二、偿债需求

地方公共支出结构偏向基础设施，还与偿债需求密切相关。在实践中，首先，地方政府利用"土地抵押借款"的"土地融资"模式，放松地方政府面临的预算约束，从而带动城市基础设施投资规模扩大（郑思齐等，2014）。其次，地方政府还以土地出让收入作为担保和偿债来源发行地方债，并大量用于城市建设（张莉等，2018）。通过向融资平台注入储备土地并承诺以土地出让收入作为偿债来源，成为近些年来地方政府的普遍做法（张莉等，2019）。然而，无论是利用土地出让收入抵押贷款，还是将其作为发行地方债的担保和偿债来源，其实质均是以城市建设用地资源作为杠杆，直接或间接地在金融市场上融资，将城市建设用地资源转为地方政府的债务。随着杠杆率的走高，地方政府为了偿还债务，避免不可控的系统性金融风险，不得不进一步投资于能够快速"以地引资增税"的经济性公共品，从而形成了更具偏向性的城市公共支出结构。

当负债发展成为当前阶段中国城市政府的普遍做法时，一个从城市建设用地指标到地方政府债务，再到公共支出结构失衡的逻辑链条便鲜明地呈现了出来。一方面，受财政分权指引和"土地财政"激励，在城市建设用地指标的总量配置环节，区县政府有激励争取更多的建设用地指标，使其拥有充足的可供发展的建设用地。在城市建设用地指标用途配置环节，区县政府有激励将有限的建设用地指标分配偏向工业用地，抬升土地出让金收入。而土地出让收入提高需要偏向基础设施的公共支出支撑。另一方面，指标制约地方政府债务规模。随着"土地融资"杠杆不断抬升，为避免不可控的债务风险，地方政府将充分利用建设用地的"引资增税"机制，进一步投资于经济性公共品，从而加剧城市公共支出结构不平衡。这种从"城市建设用地配置模式"到"城市公共支出结构失衡"的逻辑链条，正是本节所描述的高房价之外的第二类城市发展成本，关键机制是地方政府债务。

第二节　指标、债务助推公共支出结构失衡

一、地方政府债务激发公共支出结构失衡

地方政府一直有出让土地的强烈动机。特别在 20 世纪 90 年代，财

政分税体制改革之后，地方政府面临"事权下移"和"财权上移"的双重困境，地方财政缺口不断扩大，以土地出让金为核心的土地财政模式逐渐成为地方政府缓解财政压力，应对财政激励，拉动地方经济绩效的重要动力之一（孙秀林和周飞舟，2013）。地方政府通过土地征收和出让，获得了高额的土地出让金，有效弥补了匮乏的财政收入（周飞舟，2007；陶然，2011）。① 在 2008 年之后，地方政府通过设立融资平台，以土地储备作抵押担保，从银行获得贷款；或直接发行地方债，为地方基础设施建设融资。"土地财政"还对地方经济和社会发展产生了深刻的影响。一方面，土地财政推进了中国的城市化和工业化建设（陶然等，2009；周飞舟，2010），显著推动了区域经济增长（刘凯，2018）；另一方面，"土地财政"不断刺激住房市场，助推房价上涨（梁云芳和高铁梅，2007），诱导土地违法和腐败（梁若冰，2010；张莉和徐现祥，2011）。而土地融资则提高了地方政府负债和系统性金融风险（牛霖琳等，2016；赵扶扬，2022）。

在土地融资模式下，土地作为地方政府拥有的最大资产，自然地成为其债务融资最重要的抵押品（郑思齐等，2014）。一般来说，地方政府常通过以下两种渠道进行土地融资：一是地方政府向地方融资平台注入具有优质资产属性的土地，地方融资平台利用土地作为资产抵押品向商业银行申请贷款（张莉，2019）。而地方融资平台作为国有企业，且拥有优质的抵押品，银行有充分的激励为其提供贷款。甚至因为政府极高的隐性信誉和巨额存款资源，银行会不规范地向地方政府贷款。结果导致，相比于实体企业，银行为政府融资平台提供贷款过程中，对融资平台的土地抵押贷款政策过宽、标准过松，致使很多平台公司获得的贷款都远超过土地的实际价值（张莉等，2019）。二是地方政府以土地出让金作为担保和偿债来源，发行地方债并大量用于城市建设（张莉等，2018）。在"以收定支"的原则下，土地出让收入的增长会进一步促进债务水平的提高。随着土地出让收入的不断攀升，地方政府对未来偿还债务的预期不断提高，地方政府会自然地倾向于发行更多债务满足城市建设的支出需求。因此，通过土

---

① 地方政府从土地出让中获得的收入构成了地方政府最主要的收入来源，参见范子英. 土地财政的根源：财政压力还是投资冲动 [J]. 中国工业经济，2015（6）。以 2011 年为例，全国土地出让收入为 3.1 万亿元，占当年地方财政收入的比重高达 60%；在一些沿海大城市，如上海、北京、杭州等，土地出让收入等于甚至超过了地方预算收入，因此，土地出让收入也被称为预算收入之后的"第二财政"，参见周飞舟，分税制十年：制度及其影响 [J]. 中国社会科学，2006（6）.

地抵押融资和土地出让收入担保发债两种"土地融资"渠道，地方政府利用土地为杠杆，通过地方融资平台，在资本市场收获了大量资金并用于城市建设投资，形成了"中国式城市建设投融资模式"。

通过"土地融资"获取的大量资金在生产城市公共品时，地方政府表现出了偏向基础设施投资的偏好。这主要是因为，土地融资引致偿债需求，这激励地方政府的公共支出偏向基础设施，以更好地促进税收增长。研究表明，地方政府投资偏向基础设施和财政收入之间具有"累加机制"（郑安和沈坤荣，2017），从而对教育、医疗等投资周期长的非经济性公共品供给形成制约（左翔和殷醒民，2013；田传浩等，2014；宋琪和汤玉刚，2016）。这种累积机制被地方政府对土地的利用所强化。地方政府通过地方融资平台，借助土地杠杆，在资本市场上融资。随着杠杆率不断提高，地方政府面临的债务压力便不断增加，"引资增税""扩宽财源"从而缓解地方政府债务风险，成为其行为决策的重要考量。当这一逻辑应用在城市公共品的供给决策上，地方政府会自然倾向投资于经济性公共品，以吸引资本流入，从而产生了偏向于经济性公共品的支出结构特征。

二、建设用地指标引致公共支出结构失衡的机制

尽管地方政府有充分的激励开发城市土地，但这并不意味着城市土地开发不受节制，中央政府借助一个"从中央到地方""先地区后用途"的建设用地指标配置机制制约地方政府的土地开发。在实践中，区县政府的应对策略是，将有限的建设用地指标在工业用途和居住用途之间合理分配，以平衡工业用地指标的税收贡献和居住用地指标的出让金收益，以实现财政总收益的最大化，并形成偏向工业用途的指标配置模式。当地方政府更多地将建设用地指标分配给工业用途，居住用途土地指标势必受到挤压，从而拔高土地出让金收入。借助这种策略性的应对，建设用地指标的价值凸显，使得其成为影响土地融资的关键因素。借助土地的抵押贷款和担保发债两条路径，地方政府债务规模扩张。而偿债需求又激发地方政府供给更多的经济性公共品，以实现"引资增税"，从而加剧本已不平衡的公共支出结构。图8-1反映了上述从"城市建设用地指标配置"到"地方政府债务累积"，再到"城市公共支出结构失衡"的作用机制。

综合以上的梳理和分析，本章提出假说1。

假说1：城市建设用地指标配置模式将影响城市公共支出结构，地方政府会更倾向于供给经济性公共品，非经济性公共品的供给将受到挤压。

进一步提出假说2和假说3进行机制分析。

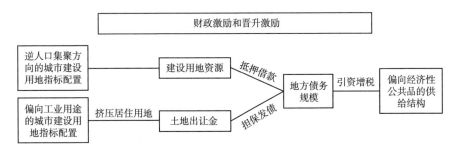

图 8 - 1　"城市建设用地指标配置—地方政府债务—城市公共支出结构"作用机制

假说 2：城市建设用地指标助推地方政府债务增长。

假说 3：地方政府债务引致公共支出结构失衡，城市建设用地指标配置会进一步强化这一效应。

第三节　模型、变量与统计描述

一、模型设定

考察建设用地指标配置的偏向性对公共支出结构的影响，应力图使二者具有较好的对应性。为此将工业用地指标和道路交通基础设施用地指标合并，然后将其与其他用地指标（居住用地和公共管理与公共服务用地）相除，得到生产性建设用地指标比率，并以此考察其对地方政府债务和城市公共支出结构的影响，构建以下三个计量模型。首先，为了验证假说 1，检验偏向工业的建设用地指标配置对地方城市公共支出结构的影响，构建计量经济模型（8.1）：

$$Z_{i,t} = a_{10} + a_{11} \cdot Y_{i,t} + a_{12} \cdot \sum Controls_{i,t} + Country_i + Year_t + \varepsilon_{i,t}$$

$$(8.1)$$

其中，被解释变量 $Z_{i,t}$ 为区县 i 在 t 年城市公共支出结构，主要通过教育公共品供给水平、医疗卫生公共品供给水平和城市基础设施公共品供给水平这三个指标来反映。解释变量 $Y_{i,t}$ 为区县 i 在 t 年的生产性建设用地指标比率。$Controls_{i,t}$ 为控制变量，包括所在区县人均可支配收入、城镇家庭数量占比、第二产业产值占比、第三产业产值占比、对外贸易水平；$Country_i$ 是地区固定效应；$Year_t$ 是时间固定效应；$\varepsilon_{i,t}$ 是随机误差项。

其次，为了验证假说2，检验以工业用地为主的城市建设用地指标配置模式对地方政府债务的影响。构建计量经济学模型（8.2）：

$$Debt_{i,t} = a_{20} + a_{21} \cdot Y_{i,t} + a_{22} \cdot \sum Controls_{i,t} + Country_i + Year_t + \varepsilon_{i,t}$$

$$(8.2)$$

其中，变量 $Debt_{i,t}$ 为区县 i 在 t 年的地方政府债务规模；变量 $Y_{i,t}$ 为区县 i 在 t 年的生产性建设用地指标比率。控制变量与模型（8.1）一致。

最后，为了验证假说3，检验偏向工业的城市建设用地指标配置是否会和地方政府债务产生正向的交互效应，影响城市公共支出结构。构建计量经济模型（8.3）：

$$Z_{i,t} = a_{30} + a_{31} \cdot Y_{i,t} + a_{32} \cdot Debt_{i,t} + a_{33} Y_{i,t} \cdot Debt_{i,t} + a_{34}$$
$$\cdot \sum Controls_{i,t} + Country_i + Year_t + \varepsilon_{i,t} \qquad (8.3)$$

其中，变量 $Debt_{i,t}$ 为区县 i 在 t 年的地方政府债务规模；变量 $Y_{i,t}$ 为区县 i 在 t 年的生产性建设用地指标比率；变量 $Y_{i,t} \cdot Debt_{i,t}$ 为 $Y_{i,t}$ 和 $Debt_{i,t}$ 交乘项；变量 $Z_{i,t}$ 为区县 i 在 t 年非经济性公共品供给水平；控制变量 $Controls_{i,t}$ 与模型（8.1）保持一致，同时控制地区效应和时间效应。回归系数 a_{32} 为偿债需求对地方公共品供给的影响，因此交乘项回归系数的含义是，偿债需求对公共品供给的影响会因生产性用地指标的配置而强化或弱化。具体是强化效应还是弱化效应则取决于公共品的类型。如果是城市基础设施类公共品，预期有强化效应；但如果是教育等非经济性公共品，预期有弱化效应。

二、变量构建

（一）被解释变量

城市公共支出结构。按照理查德·A. 马斯格雷夫和佩吉·B. 马斯格雷夫（2003）的分类包括基础设施类公共品和公共消费类公共品，国内文献的划分多为经济性公共品和非经济性公共品（傅勇和张晏，2007）。经济性公共品以基础设施建设为代表，而非经济性公共品则以提供教育、医疗服务和社会保障等公共服务为主，与国外文献有对应关系。参考其他学者的研究，本章采用教育和医疗卫生公共品两个指标来反映非经济性公共品供给水平，采用城市基础设施公共品来反映经济性公共品供给水平。具体如下：

1. 教育公共品供给。使用该区县"每万人小学生数"来表示该地区教育公共品的供给情况。"每万人小学生数"之所以能反映出一个地区教育公共品的供给情况，是因为随着近些年来城市化的快速推进，县域内小学生大量流失。如果该地区有着较好的教育公共品供给水平，小学生的流失量将会减少。而中学生参加中考面临户籍限制，他们不得不返回原籍就读，因此"每万人中学生数"不能反映该地区教育公共品供给水平。

2. 医疗卫生公共品供给。构建该区县"每万人医院、卫生院床位数"来反映医疗卫生公共品供给水平。

3. 城市基础设施公共品供给。构建该区县"每万人公路里程数"来反映地区城市基础设施建设水平。

（二）解释变量

1. 生产性用地指标比率。本章通过构建该区县每年的"生产性建设用地指标/其他建设用地指标"来反映偏向建设用地指标的偏向性配置。生产性用地指标相对占比为工业和道路基础设施用地指标与其他用地指标的比率，该比率越大，越能反映该地区偏向生产性建设用地指标程度。

2. 地方政府债务规模。长期以来，受地方政府债务隐蔽性的影响，精准度量地方政府债务规模一直是实证分析的难点。在大多数对地方政府债务规模的估计中，一般采用2011年和2013年两次审计署审计结果公告公布的债务数据或地方政府融资平台发行的城投债数据来替代。2011年和2013年审计结果公告数据尽管衡量了地方政府整体性的债务规模，但存在样本量不足的问题。地方融资平台是地方政府债务融资的基本途径，故地方融资平台每年的债务余额数据能够较好地度量地方政府债务规模。本章借鉴张莉等（2018）的做法，构建区县"城投债发行金额数"来反映地方政府债务规模。

（三）控制变量

为了进一步控制由于遗漏变量而产生的内生性问题，参考已有的研究，本章引入以下维度的控制变量：（1）城镇家庭数量占比，用城镇家庭户数占总家庭户数的比重来反映；（2）地方经济发展状况，用人均可支配收入、第二产业占GDP的比重、第三产业占GDP的比重来反映；（3）对外贸易水平，用当地实际利用外资数来反映。各变量的详细定义如表8-1所示。

表8-1　　　　　　　　　　变量定义

变量类型	变量名称	变量定义
被解释变量	教育公共品供给	每万人小学生数
	医疗卫生公共品供给	每万人医院、卫生院床位数
	城市基础设施公共品供给	每万人公路里程数

变量类型	变量名称	变量定义
解释变量	生产性用地指标比率	工业和道路交通设施用地指标/其他建设用地指标
	地方政府债务规模	城投债发行金额数
控制变量	城镇家庭数量占比	城镇家庭户数占总家庭户数的比重
	人均可支配收入	人均可支配收入
	第二产业产值比	第二产业产值占 GDP 的比重
	第三产业产值比	第三产业产值占 GDP 的比重
	对外贸易水平	当地实际利用外资数

三、样本数据

由于建设用地指标的用途配置数据目前只有江苏省系统公开，本章仍以江苏省各个区县作为研究对象，选取各种类型土地供应计划指标、地方政府发行债务和地区经济指标等数据，构建双向固定效应模型，分析建设用地指标配置模式对地方政府债务规模和城市公共品供给的影响。其中，各个区县土地供应计划指标数据来自作者从"江苏省自然资源厅"等官方网站手工收集的相关政策文件；地方政府债务数据来自 Wind 数据库；各区县经济指标数据来自相应年度的《江苏省统计年鉴》。经过整理，共 455 个区县—年度样本，但用来反映城镇化的城镇家庭数量占比样本为 448 个。

四、统计描述

表 8-2 报告了主要变量的描述性统计结果，分析了各个变量的平均值、标准差、最小值、中位数和最大值情况。在三类公共品供给上，每万人公路里程的平均值为 0.451 千米，每万人医院卫生院床位数为 2.39 张，每万人小学生数为 635.2 人；生产性建设用地指标与其他用地指标比率的平均水平为 1.53%，说明了样本中工业用地指标是其他用地指标的 1.53%。其他类型的用途地指标包括了居住用地、公共管理与公共服务用地等。具体的统计结果显示，工业和交通这两部分指标远远超过其他用地指标，甚至有的地区有的年份全部用于这项，表明地方政府对建设用地指标的使用严重偏向工业和交通等生产性用途。发债金额平均值为 39.817 亿元，最大值为 1059.100 亿元。其他区县特征变量的统计描述在此不再一一列举。

表 8 – 2

变量	观测值	平均值	标准差	最小值	中位数	最大值
基础设施类公共品供给	455	0.451	0.149	0.003	0.897	2.055
医疗卫生公共品供给	455	2.390	0.153	1.953	2.368	3.366
教育公共品供给	455	635.2	294.2	65.1	539.4	2423.0
生产性用地指标比率	455	1.5390	1.0895	0.0000	1.2705	7.1222
发债金额（亿元）	455	39.817	81.154	0.000	19.000	1059.100
人均可支配收入（元）	455	31400	10800	14000	29300	64100
城镇家庭数量占比	448	0.309	0.358	0.205	0.307	0.746
人口密度（人/平方千米）	455	703.286	322.183	229.000	627.000	1787.000
第二产业占 GDP 比重	455	46.852	5.854	17.600	46.600	62.100
第三产业占 GDP 比重	455	39.488	10.154	5.000	41.500	61.000
进口（亿美元）	455	63.789	208.502	0.000	4.760	1811.780
实际利用外资（亿美元）	455	12.842	66.669	0.030	2.390	1301.280

第四节　回归结果分析

一、生产性用地指标配置与公共支出结构

前面提出的假设认为，城市建设用地指标配置影响城市公共支出结构，在偏向生产性用途的配置模式下，城市公共支出会更偏向经济性公共品。因此，我们预期在实证检验中，随着城市建设用地指标分配向生产性用途倾斜，城市基础设施公共品供给将增加，而医疗卫生、教育公共品将受到挤压。Hausman 检验拒绝了固定效应模型和随机效应模型无差异的假设，我们采取双向固定效应模型的估计方法对模型（8.1）进行估计，回归结果如表 8 – 3 所示。对于不同的公共品供给而言，偏向生产性用途的城市建设指标配置表现出了不同的影响。当生产性用地指标增加，以医疗卫生和教育公共品为代表的非经济性公共品的供给显著减少，而以城市基础设施为代表的经济性公共品供给显著增加，实证检验的结果与前面的预期相同。具体来说，生产性用地指标相对于其他用地指标每多出 1 个单位，每万人医院卫生院床位数将下降 0.01 张，每万人小学生数下降 13 人。但是，工业用地供给对城市基础设施供给的影响显著相反，生产性用

地指标每提高 1 个单位，每万人公路里程数将提高 0.1 千米。这表明，偏向生产性的指标配置在促进城市基础设施增长的同时，压制了城市非经济性公共品的供给。

表 8 - 3　　　　　　　　生产性用地指标配置与城市公共品供给

变量	医疗卫生公共品	教育公共品	基础设施公共品
生产性用地指标比率	− 0.0101 *** (0.0031)	− 0.0013 ** (0.0006)	0.0952 *** (0.0084)
人均可支配收入	0.0565 ** (0.0252)	− 0.0310 *** (0.0043)	0.1463 ** (0.0689)
人口密度	− 0.0037 (0.0031)	0.0030 *** (0.0005)	− 0.0107 (0.0086)
第二产业占 GDP 比重	− 0.3402 ** (0.1492)	0.0094 (0.0257)	1.0231 ** (0.4077)
第三产业占 GDP 比重	0.0164 (0.1021)	− 0.0162 (0.0176)	0.3033 (0.2791)
进口	0.0029 (0.0041)	− 0.0005 (0.0007)	0.0565 *** (0.0112)
实际利用外资	0.0009 (0.0105)	− 0.0005 (0.0018)	0.0026 (0.0286)
城镇家庭数量占比	0.0073 (0.0171)	− 0.0023 (0.0030)	− 0.1997 *** (0.0468)
年份固定效应	是	是	是
地区固定效应	是	是	是
常数项	是	是	是
N	448	448	448
R^2	0.4319	0.5424	0.5123

注：括号内数字为标准误，***、** 分别表示回归系数在 1% 和 5% 的水平上显著。

二、生产性用地指标配置对地方政府债务的影响

公共品供给的偏向性主要受建设用地供给结构的影响，但是在债务层面，指标总量也有可能助推债务增长，为此我们在具体回归分析时，还控制了地区的建设用地指标总量这一变量。回归结果如表 8 - 4 所示，其中回归结果 1 仅考察生产性用地指标比率对地方债务的影响，回归结果 2 仅考察建设用地指标总量对地方债务的影响，回归结果 3 则同时控制了指标

总量和配置结构的影响，这一结果使得我们能够在地区层面和用途层面就指标配置模式对地方政府债务的影响作出综合判断。结果 3 显示，生产性用地指标比率每提高 1 个单位，地方政府债务将增长 40.82 万元，回归结果在 5% 的水平上显著；总量建设用地指标每增长 1 公顷，地方政府债务将增长 0.03 万元，回归结果在 1% 的水平上显著。根据表 8-4 的回归结果，中国的城市建设用地指标配置模式在地区层面会提高获得指标较多地区的政府的债务负担。内地欠发达地区比沿海发达地区获得了更多的指标，因此在这些地方会产生更多的由指标带来的债务。中央政府希望借助建设用地指标的倾向性配置达到实现区域平衡发展的目的，但是有可能"好心办坏事"，因为指标在促进地方发展的同时，也提高了地方的债务负担。另外，在用途配置上，偏向生产性的用地指标配置模式也提高了地方政府债务负担。如果欠发达地区希望通过工业和道路交通基础设施用地的供给来实现招商引资，那么就有可能衍生出更多的债务。

表 8-4　　　　生产性用地指标配置对地方政府发债金额的影响

变量	结果 1	结果 2	结果 3
生产性用地指标比率	0.3773 * (0.2005)		0.4082 ** (0.1968)
建设用地指标总量		0.0003 *** (0.0001)	0.0003 *** (0.0001)
人均可支配收入	0.6443 *** (0.1274)	0.5665 *** (0.1265)	0.5739 *** (0.1261)
人口密度	0.0407 ** (0.0163)	0.0334 ** (0.0161)	0.0340 ** (0.0160)
第二产业占 GDP 比重	-3.2781 *** (0.7620)	-2.9192 *** (0.7524)	-2.9938 *** (0.7503)
第三产业占 GDP 比重	1.0852 ** (0.5219)	0.5942 (0.5257)	0.6161 (0.5238)
进口	0.0845 *** (0.0207)	0.0490 ** (0.0216)	0.0534 ** (0.0216)
实际利用外资	0.0160 (0.0545)	0.0082 (0.0537)	0.0078 (0.0535)
城镇家庭数量占比	-0.0378 (0.0891)	-0.0501 (0.0878)	-0.0489 (0.0875)

变量	结果 1	结果 2	结果 3
年份固定效应	是	是	是
地区固定效应	是	是	是
常数项	是	是	是
N	448	448	448
R^2	0.4242	0.4599	0.4346

注：括号内数字为标准误，***、**、*分别表示回归系数在1%、5%和10%的水平上显著。

三、指标、债务与公共支出结构失衡

本书认为，偏向生产性用途的城市建设用地指标配置模式对城市公共支出结构有解释力，内在机制何在？在明确了建设用地指标可以转化为地方政府债务后，便可根据本章第一节提出的"偿债需求"假说，认为偏向生产性的建设用地指标配置会通过扩张地方债务的途径，对城市不同类型的公共品供给产生不同影响。我们通过对模型（8.3）进行回归来检验上述假说，相应的回归结果如表8-5所示。

表8-5　　　　　　　指标、债务与城市公共品供给

变量	医疗卫生公共品	教育公共品	基础设施公共品
生产性用地指标比率	-0.0079*** (0.0022)	-0.0008 (0.0007)	0.0710*** (0.0060)
地方政府债务规模	-0.0262*** (0.0094)	0.0069 (0.0043)	0.1731*** (0.0255)
生产性用地指标比率× 地方政府债务	-0.0059*** (0.0017)	-0.0012 (0.0008)	0.0371*** (0.0052)
人均可支配收入	0.0584** (0.0252)	-0.0318*** (0.0044)	0.1314* (0.0682)
人口密度	-0.0032 (0.0031)	0.0030*** (0.0005)	-0.0148* (0.0085)
第二产业占 GDP 比重	-0.3729** (0.1490)	0.0001 (0.0264)	1.3188*** (0.4036)
第三产业占 GDP 比重	0.0393 (0.1029)	-0.0146 (0.0176)	0.1232 (0.2786)
进口	0.0034 (0.0041)	-0.0005 (0.0007)	0.0526*** (0.0112)

变量	医疗卫生公共品	教育公共品	基础设施公共品
实际利用外资	0.0011 (0.0104)	−0.0003 (0.0018)	0.0013 (0.0283)
城镇家庭数量占比	0.0090 (0.0171)	−0.0020 (0.0030)	−0.2150*** (0.0463)
年份固定效应	是	是	是
地区固定效应	是	是	是
常数项	是	是	是
N	448	448	448
R^2	0.4346	0.5424	0.5232

注：括号内数字为标准误，***、**、*分别表示回归系数在1%、5%和10%的水平上显著。

首先，对经济性公共品而言，地方政府债务规模的扩张显著提高了经济性公共品的供给。同时，生产性用地指标比率仍然同表8－3一样，增加了基础设施公共品供给，减少了医疗卫生公共品供给。更为重要的是，生产性用地指标比率与地方政府债务形成了显著的交互效应：强化了基础设施公共品供给（见表8－5中的结果3），弱化了医疗卫生公共品供给（见表8－5中的结果1）。这与前面的假说一致：在偿债需求下，地方政府有扩张基础设施公共品供给，压缩医疗卫生公共品供给的激励，以实现"引资增税"，缓解债务压力。由于建设用地指标能够转化为地方政府债务，所以偿债需求对公共品供给的扭曲效应会被生产性用地指标放大。在生产性用地指标配置越多的地区，这种扭曲效应越强。教育公共品的回归结果并不显著，可能的原因是近年来各级政府对义务教育的重视，使得其受地方政府债务的影响较小。

实证检验发现了城市建设用地指标配置对地方政府债务的正向促进作用，以及这种促进作用对城市公共支出结构的影响。具体的结论是，偏向生产性用途的城市建设用地指标配置模式，以及地方政府债务均能对城市公共支出结构产生影响，而且二者之间会产生正向的互动效应，强化基础设施公共品的供给，弱化医疗卫生公共品的供给。

第五节　本章小结

地方政府需要承担城市发展的公共支出成本，初期阶段以基础设施类公共支出成本为主，中期阶段以公共消费类支出成本为主。我国的城市公共支出集中于基础设施类公共品，既是特定发展阶段的产物，也是城市发展融资模式的结果。通常情况下，支撑城市发展的公共支出的主要来源是税收，这激发地方政府偏好基础设施公共支出，因为这类支出有助于地方税收增长。通过梳理已有的研究文献，本章提出了解释地方基础设施支出偏好的另一个假说：偿债需求。当地方政府通过借贷等方式为公共支出融资时，为了偿还债务，地方政府也会产生增加基础设施公共支出的偏好。

中国城市政府的融资严重依赖于其可用于开发的土地，而城市建设用地指标配置决定着城市的土地开发规模，并通过提供抵押品的方式助推地方债务增长。如果这一逻辑成立，那么建设用地指标配置便能对城市公共支出结构产生影响。本章的实证研究结果显示：（1）偿债需求的确增加了基础设施类公共品供给，减少了医疗卫生公共品供给；（2）偏向生产性用途的城市建设用地指标配置显著提升了地方政府债务水平；（3）偏向生产性用途的指标配置与地方政府债务形成正向的交互效应，强化了经济性公共品的供给，弱化了医疗卫生等非经济性公共品供给。

这种基础设施公共品和民生性公共支出结构的失衡对城市的长期发展不利。具体地，当各类民生性公共品供给受到基础设施类公共品挤压时，城市的基本公共服务也就越难以覆盖到流动人口，从而影响城市集聚经济效应的发挥。结合中国逆人口集聚方向叠加偏向工业用途的建设用地指标配置模式，欠发达地区因指标生成的债务可能更多，地方公共支出结构失衡的情况将更为严重。

第九章　人地错配与中国城市发展的效率损失

中国逆人口集聚方向叠加偏向工业用途的建设用地指标配置，导致了城市发展中的人地资源错配，这引致了两个方面的发展成本：一是在沿海人口集聚地，人均总量建设用地指标配置偏少（见第五章和第六章的研究结果），这导致城市建设用地供给紧缺，推高地价（见第七章的研究结果）。二是基层政府偏向工业的指标配置模式进一步导致民生性公共品供给短缺（见第八章的研究结果）。基于罗贝克（Roback，1982）空间均衡思想，两方面成本会进一步损害城市的人口集聚能力。而集聚经济是城市发展的根本动力，因此，中国当前的建设用地指标配置模式会对城市集聚经济造成损害。

本章首先对中国城市集聚经济效应进行评估，这一研究从生产率的视角切入。其次考察一个什么样的空间扩张模式能够有效利用集聚经济。集聚经济效应取决于城市规模，这可从两个维度考察：一是城市的建成区面积，二是城市的常住人口，但二者对集聚经济有完全相反的意义。城市集聚经济源于生产活动的密集化，在控制城市常住人口规模的情况下，城市空间扩张无益于提高集聚经济效应。相反，在控制城市空间规模的情况下，常住人口规模的扩张促进城市集聚经济增长。本章将城市空间规模的扩张嵌入新古典增长模型，研究城市建成区面积扩张对经济发展效率的影响。

第一节　中国城市生产函数的设定

一、集聚经济与城市生产函数设定

城市生产函数的设定多借鉴赛孔和霍尔（Ciccone and Hall，1996）以及赛孔（Ciccone, 2002）的模型，国内的应用研究可参见范剑勇（2006）以及余吉祥和沈坤荣（2013）等。该模型将城市单位面积内的生产函数定义为：

$$f(\emptyset;l,h,k;Q,A) = \emptyset\left[(lh)^{\beta}k^{1-\beta}\right]^{\alpha}\left(\frac{Y}{A}\right)^{\frac{\rho-1}{\rho}} \tag{9.1}$$

式（9.1）将单位面积上的产出看成是三个因素的贡献：（1）技术水平，用 $\emptyset$ 表示。（2）综合要素投入，用 $(lh)^{\beta}k^{1-\beta}$ 表示。l 为单位面积上的劳动投入，h 为单位劳动力的人力资本，因此，lh 为单位面积上的人力资本投入。k 为单位面积上的物质资本投入。（3）集聚经济外部性，用 (Y/A) 表示。Y 是城市的总产出规模，A 是城市的总面积。在这里，单位面积上的产出受其嵌入的一个更大范围内的经济活动的密度的影响。在式（9.1）中，$\alpha < 1$，表示综合生产要素的边际产出递减；$\rho > 1$，代表着显著为正的城市集聚经济。因为当 $\rho > 1$ 时，城市的产出密集度越大，则单位面积上的产出越高，这是要素投入之外效率因素对产出的贡献。

作简单推导得：

$$y = \emptyset^{\rho} \cdot \left[\tilde{h}^{\beta} \cdot \kappa^{1-\beta}\right]^{\alpha\rho} \cdot l^{\alpha\rho-1} \tag{9.2}$$

其中，y 为城市的人均产出，$\tilde{h}$ 为人均人力资本，κ 为人均物质资本，l 与式（9.1）中的 l 相同，为单位面积上的劳动投入，即就业密度，代表着城市集聚经济的外部性。这表明，城市的人均产出不仅取决于人均的要素投入和全要素生产率，还取决于城市的集聚经济水平。城市经济活动越是密集，人均产出水平越高。由于中国的建设用地指标配置推高了房价，引致城市公共支出结构失衡，因此阻碍了经济活动的密集化并导致集聚经济损失。

在实证研究方面，早期的文献如斯威考斯卡斯（Sveikauskas, 1975）和姆曼（Moomaw, 1981）等，主要研究了城市人口规模对劳动生产率的影响。赛孔和霍尔（1996），赛孔（2002）主要研究了就业密度对劳动生产率的影响。不过这些研究多针对发达国家，最近几年针对发展中国家的研究也逐渐多了起来。杜兰顿（Duranton, 2014）以哥伦比亚为例，发现城市人口规模每增加10%，工资增加大约0.5%，稍大于普戈（Puga, 2010）总结的以发达国家为研究对象得到的弹性系数。

有关中国城市规模对劳动生产率影响的文献近年来也经常出现。奥和亨德森（Au and Henderson，2006）使用 1997 年中国地级城市数据发现，中国城市就业规模和劳动生产率之间存在倒 U 型关系，并认为中国有一半的城市规模偏低。库姆斯等（Combes et al.，2015）使用 2007 年中国城市家庭调查数据研究了城市规模在提高个体生产率上的作用，发现就业密度对工资的弹性系数大约是西方国家的三倍。范剑勇（2006）研究发现，中国城市劳动生产率对就业密度的弹性系数在 8.8% 左右。但是这一研究中的就业密度未对城市辖区和城市化地区作细致区分，指标相对粗糙。但亨德森（Henderson，2009）认为，由于户籍制度的限制，中国的人口迁移多是本地化的，这种城市化模式使得大多数城市不能有效利用规模经济效应，限制了城市生产率的提高。

二、二元劳动力市场与城市生产函数拓展

截至 2020 年 11 月 1 日，中国城镇常住人口 9.02 亿人，占全部人口的 63.9%。在城市常住人口中，流动人口规模 3.76 亿人，与 2010 年人口普查数据相比，流动人口规模增长了 69.7%（国家统计局，2021）。由于城市劳动力市场二元分割，在设定城市生产函数时，必然涉及城市人力资本的加总问题。加总问题因两个方面因素变得复杂起来。首先，中国教育资源分配的城市偏向性使得相同受教育年限的城乡劳动力的教育质量并不相同（Li and Yang，2013）。这使得在做城市人力资本加总时，如果仅依据两类劳动力的人力资本数量（如受教育年限），结果必然高估城市的人力资本水平。其次，中国城市劳动力市场是不完全竞争的。户籍身份使得农村劳动力难以公平地与城市劳动力竞争就业机会（Fan，2002；Meng，2012）。在这一背景下，即便城乡劳动力的人力资本数量和质量相同，由于劳动力市场的不完善，农村人力资本难以发挥与城市人力资本同等的作用。

为了更好地描述这种特殊性，本章借鉴阿斯莫格鲁（Acemoglu，2002）和弗莱舍等（Fleisher et al.，2010）的做法，使用不完全替代弹性的概念，对农村劳动力的人力资本和城市劳动力的人力资本进行 CES 加总，从而将城市单位面积上的人力资本投入表达为：

$$lh = \left[(h_r \cdot l_r)^{\frac{\sigma-1}{\sigma}} + (h_u \cdot l_u)^{\frac{\sigma-1}{\sigma}} \right]^{\frac{\sigma}{\sigma-1}} \tag{9.3}$$

其中，l_r 表示单位面积上的农村劳动力数量，h_r 是农村劳动力平均的人力资本。l_u 表示单位面积上的城市劳动力数量，h_u 是城市劳动力的平均人力资本。

σ 是城乡人力资本之间的替代弹性。① 替代弹性是和劳动力市场条件密切相关的参数。当城市劳动力市场是一元时,农村人力资本和城市人力资本具有完全的替代性,城乡人力资本价格的相对变化将立即导致人力资本需求的巨大变化。一个更高的替代弹性意味着一个更为一体化的劳动力市场。

将式(9.3)代入式(9.2)得到城市的劳动生产率:

$$y = \emptyset^{\rho} \cdot \left\{ (m \cdot h_r)^{\frac{\sigma-1}{\sigma}} + \left[(1-m) \cdot h_u \right]^{\frac{\sigma-1}{\sigma}} \right\}^{\frac{\sigma\beta\alpha\rho}{\sigma-1}} \cdot \kappa^{(1-\beta)\alpha\rho} \cdot l^{\alpha\rho-1}$$

$$(9.4)$$

$y = Y/L$ 为城市的劳动生产率,其中,$L = L_r + L_u$,L_r 为城市生产投入的全部农村劳动力,L_u 为全部的城市劳动力。$m = L_r/L$ 为城市农村劳动力占比。$\kappa = K/L$ 为城市人均资本存量。$l = L/A$ 为单位面积上的劳动投入,即就业密度。

定义城市人力资本指数为:②

$$\tilde{h} \equiv \left\{ (m \cdot h_r)^{\frac{\sigma-1}{\sigma}} + \left[(1-m) \cdot h_u \right]^{\frac{\sigma-1}{\sigma}} \right\}^{\frac{\sigma}{\sigma-1}} \qquad (9.5)$$

将式(9.5)代入式(9.4)得到:

$$y = \emptyset^{\rho} \cdot \tilde{h}^{\beta\alpha\rho} \cdot \kappa^{(1-\beta)\alpha\rho} \cdot l^{\alpha\rho-1} \qquad (9.6)$$

根据式(9.6),如果 $\alpha\rho > 1$,就业密度(l)将促进劳动生产率(y)增长,这也是库姆斯等(Combes et al.,2015)关注的问题。同时,由于人力资本指数($\tilde{h}$)的取值受到两类劳动力人力资本的替代弹性(σ)的影响,本章还可以进一步研究各种替代条件下的城市人力资本对劳动生产率的作用。

要估计出式(9.6)中的各个参数,需要掌握城市的物质资本存量,然而这一数据是无法获得的。为了解决这一问题,借鉴赛孔和霍尔(Ciccone and Hall,1996)的方法,首先利用生产函数式(9.2)得到资本的边际产

---

① 一个常用的处理方法是假设农村劳动力的人力资本和城市劳动力的人力资本具有完全替代性(即 $\sigma \to \infty$),此时,人力资本可表达为 $lh = h_r \cdot l_r + h_u \cdot l_u$。

② 佩里(Peri)在定义美国各州劳动力的技能强度指数时,也使用了 CES 函数。该指数取决于高技能劳动力和低技能劳动力各自的相对工作时间。参见 Peri,G. The effect of immigration on productivity:evidence from U. S. States [J]. The Review of Economics and Statistics,2012(94),348 – 358.

出；然后假设资本在城市之间可以自由流动，将资本的边际产出定义为不变资本价格 r，从而得到城市每单位劳动力的物质资本：

$$\kappa = \frac{K}{L} = \frac{\alpha(1-\beta)}{r} \cdot \frac{Y}{L} = \frac{\alpha(1-\beta)}{r} \cdot y \qquad (9.7)$$

将式（9.7）代入式（9.6）式得到：

$$y = \left[\frac{\alpha(1-\beta)}{r}\right]^{\frac{(1-\beta)\alpha\rho}{1-(1-\beta)\alpha\rho}} \cdot \emptyset^{\frac{\rho}{1-(1-\beta)\alpha\rho}} \cdot \tilde{h}^{\frac{\beta\alpha\rho}{1-(1-\beta)\alpha\rho}} \cdot l^{\frac{\alpha\rho-1}{1-(1-\beta)\alpha\rho}} \qquad (9.8)$$

在式（9.8）中，$\tilde{h}$ 需要根据 h_r、h_u、m 以及 σ 的取值进行计算。前三个变量的取值可直接获得，但 σ 的取值则要根据已有研究结果作出相应的假设。赛孔和佩里（Ciccone and Peri, 2005）指出，大多数文献发现低技能劳动力和高技能劳动力之间的替代弹性在 1.5 ~ 2。另外，佩里（Peri, 2012）利用美国数据的研究对该替代弹性的取值为 1.75。在中国城市劳动力市场上，农村劳动力的受教育水平一般为初中及以下，类似于低技能劳动力。而城市劳动力的技能水平一般为高中及以上，类似于高技能劳动力。我们首先将 σ 取两个值：1.5 和 2。考虑到城乡劳动力人力资本质量的差异以及城市劳动力市场的不完全竞争性，本章还计算了当两类人力资本的替代弹性较低，特别是当 $\sigma \to 1$ 时的人力资本指数值。最后，为了参照，我们也计算了完全替代条件下（$\sigma \to \infty$）的人力资本指数值。[①]

第二节　中国城市集聚经济效应的检验

一、数据来源与统计描述

在式（9.8）中，y 表示城市的劳动生产率，$\emptyset$ 为城市的全要素生产率。假设不同的省具有不同的 $\emptyset$，但同省城市具有相同的 $\emptyset$，可以通过在模型中加入省虚拟变量来控制这种异质性。加入省虚拟变量的好处还在于

---

① 当 $\sigma \to 1$ 时，$\tilde{h} = \left[(m \cdot h_r)^{\frac{\sigma-1}{\sigma}} + ((1-m) \cdot h_u)^{\frac{\sigma-1}{\sigma}}\right]^{\frac{\sigma}{\sigma-1}} = (m \cdot h_r)^{0.5} \cdot [(1-m) \cdot h_u]^{0.5}$。

当 $\sigma \to \infty$ 时，$\tilde{h} = \left[(m \cdot h_r)^{\frac{\sigma-1}{\sigma}} + ((1-m) \cdot h_u)^{\frac{\sigma-1}{\sigma}}\right]^{\frac{\sigma}{\sigma-1}} = m \cdot h_r + (1-m) \cdot h_u$。

能够放松资本在全国自由流动的强假设。$h(\sigma)$ 是根据不同的 σ 取值计算得到的城市人力资本。这样一来，数据需求包括：城市辖区内的人口数、就业数，以及劳动力的受教育水平。这些数据只能通过人口普查获得，且城市辖区内区分了受教育水平的就业数据，没有任何公开出版的资料可供利用。在进行"六普"课题研究时，笔者获得了在 2010 年"六普"微观数据库中汇总城市市辖区内劳动力就业规模及受教育水平的机会，由此解决了棘手的数据来源问题。

考虑到市辖区主要是行政区概念，笔者在此基础上进一步根据国家统计局"统计上划分城乡的标准"，将其缩小为市辖区内的城镇地域，以与城市经济功能区对应。在数据汇总过程中，我们借鉴库姆斯等（2015）的做法，根据三个方面的条件识别有就业的外来农村劳动力：（1）离开户口登记地时间在半年以上；（2）现住地与户口所在地有跨县（区）的变动；（3）年龄在 16~60 岁的有工作的个体。这里"有工作的个体"是根据"六普"问卷中的问题 R17 定义的，指的是"2010 年 10 月 25~31 日为取得收入而工作 1 小时以上的个体"或"在职休假、学习、临时停工或季节性歇业的个体"两种情况。全部就业规模定义为"年龄在 16~60 岁的有工作的个体的数量"，城市本地劳动力就业规模等于全部就业规模减去农村劳动力的就业规模。

"六普"问卷的问题 R15 涉及个体的受教育水平，受教育水平分为"未上过学、小学、初中、高中、大学专科、大学本科和研究生"7 个等级。通过汇总市辖区内各种受教育水平的城乡就业个体的数量，便能顺利计算出市辖区内城乡就业劳动力的平均受教育年限。各种受教育水平的平均受教育年限分别设定为 1，6，9，12，15，16 和 19。

y 的计算过程中使用了城市市辖区内的非农产出规模以及包括城市劳动力和农村劳动力在内的全部就业规模，前者数据来源于《中国城市统计年鉴 2011》，后者的数据来源是"六普"数据在市辖区层面上的汇总。

$\tilde{h}(\sigma)$ 的计算过程中使用到了城市辖区内农村劳动力就业比例、城市劳动力就业比例，以及城乡劳动力的平均人力资本（使用人均受教育年限代理），均为"六普"数据在市辖区层面上的汇总。l 等于城市的全部就业规模除以建成区面积；市辖区面积数据也来源于《中国城市统计年鉴 2011》。后续分析时使用的控制变量的数据来源如不做特殊说明，也均来自《中国城市统计年鉴 2011》。

式（9.8）中变量统计描述如表 9-1 所示。其中，286 个地级及以上城市平均的劳动生产率为 6.17 万元，最小值为甘肃省定西市，每单位劳动力产出 1.05 万元，最大值为新疆维吾尔自治区克拉玛依市，每单位劳动力产出 29.33 万元。各城市的就业密度差异也很大，最小值为黑龙江黑河市，每平方千米的就业规模为 9.72 人；最大值为广东省深圳市，每平方千米的就业规模为 4524.60 人。需要关注的是，人力资本的替代弹性对人力资本指数取值有重要影响。

表 9-1 变量统计描述

变量	样本量（个）	均值	方差	最小值	最大值
y	286	6.17	3.51	1.05	29.33
$\tilde{h}(1)$	287	3.54	1.16	0.66	5.79
$\tilde{h}(1.5)$	287	31.51	7.27	11.68	46.35
$\tilde{h}(2)$	287	16.61	3.09	7.83	23.18
$\tilde{h}(\infty)$	287	9.53	0.92	6.51	11.59
l	286	767.72	728.99	9.72	4524.60

图 9-1 和图 9-2 分别绘制了 σ 取值 1.5 和 2 时城市劳动生产率与人力资本之间的散点图，图 9-3 绘制的是城市劳动生产率与就业密度之间的散点图。从中可以发现，劳动生产率与人力资本之间显著的正相关性不会因替代弹性的变化而发生改变。特别是在更高的替代弹性下，人力资本与劳动生产率的相关性更强。值得关注的是在图 9-3 中，劳动生产率与城市就业密度之间虽然也显示了一定的正相关性，但相比于图 9-1 和图 9-2，散点分布更散，趋势相对并不明显。

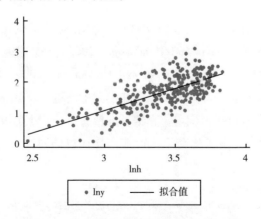

图 9-1 人力资本与劳动生产率 （σ = 1.5）

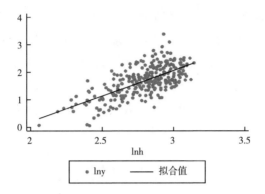

图9-2　人力资本与劳动生产率（$\sigma = 2$）

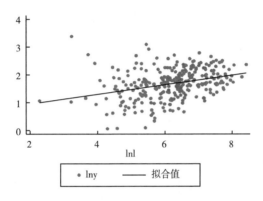

图9-3　就业密度与劳动生产率

二、回归结果分析

（一）控制变量和估计方法

通过加入省虚拟变量控制不同省份城市之间的全要素生产率差异和资本跨省的不完全流动性。在现存文献中，城市辖区面积（Combes et al. , 2015），政治因素（Davis and Henderson, 2003），地理因素（Black and Henderson, 2003），产业结构（Au and Henderson, 2006）等因素对城市劳动力生产率均有影响。为此，本章在模型中还进一步控制了城市辖区面积的对数，省会城市虚拟变量，直辖市虚拟变量，到上海和深圳的最近距离的对数，[①] 第三产业占比与第二产业占比比值的对数[②]五个变量。考虑

──────────

① 此距离为球面距离，根据各个城市的经纬度计算得到。

② 奥和亨德森（Au and Henderson）发现，城市的产业结构对劳动生产率有显著影响。参见 Au and Henderson. . Are Chinese Cities Too Small? ［J］. Review of Economic Studies, 2006 （73）: 549－576.

了 2010 年前后中国的经济增长方式以投资和出口驱动为主，所以文章加入了城市的人均财政支出规模以及经济开放度（FDI 占 GDP 比重的对数）两个变量。另外，考虑到资源型城市（如克拉玛依市）可能具有更高的劳动生产率，文章在模型中进一步控制了是否为资源型城市的虚拟变量。[①]

使用工具变量估计解决内生性问题。更高的劳动生产率吸引劳动力迁入，从而提高了城市的就业密度，并改变了城市人力资本结构，这种反向因果关系会使得 $\ln \tilde{h}$ 和 $\ln l$ 的 OLS 估计值发生偏误。现有文献常见的做法是借鉴赛孔和霍尔（Ciccone and Hall，1996）的方法，利用历史数据构造工具变量，以解决这一内生性问题。根据数据的可得性，本章为变量 $\ln \tilde{h}$ 和 $\ln l$ 寻找了三个工具变量，分别是：（1）"1982 年城市辖区人口规模的对数"，数据来源于《中国 1982 年人口普查资料》。（2）城市辖区迁移人口占比的对数，数据来源于《第五次人口普查乡、镇、街道数据（2000年）》。（3）清末城市是否通有铁路的虚拟变量，数据来源于《中国铁路发展史 1876 ~ 1949》（金士宣和徐文述，1986）。将 $\ln \tilde{h}$ 和 $\ln l$ 同时作为内生变量，使用工具变量方法进行估计。Sargan 检验全部通过，Cragg-Donald F 统计量除在完全替代弹性假设下稍低外，其他均满足要求。

（二）回归结果讨论

通过计算 $\sigma \to 1$，$\sigma = 1.5$，$\sigma = 2$ 以及 $\sigma \to \infty$ 四种情况下的城市人力资本，对式（9.8）进行回归分析，结果如表 9 - 2 和表 9 - 3 所示。其中，表 9 - 2 是 $\sigma = 1.5$ 和 $\sigma = 2$ 时的回归结果，表 9 - 3 是 $\sigma \to 1$ 和 $\sigma \to \infty$ 时的回归结果。

表 9 - 2   回归结果 I

变量	$\sigma = 1.5$			$\sigma = 2$		
	OLS	OLS	IV	OLS	OLS	IV
$\ln \tilde{h}$	1. 344 ***	0. 718 ***	1. 214 ***	1. 776 ***	0. 956 ***	1. 579 ***
	(0. 111)	(0. 113)	(0. 312)	(0. 146)	(0. 151)	(0. 402)
$\ln l$	- 0. 0168	0. 0966 **	0. 106	- 0. 0323	0. 0914 **	0. 0997
	(0. 0331)	(0. 0413)	(0. 0809)	(0. 0335)	(0. 0414)	(0. 0810)
行政辖区面积对数		0. 0753 **	0. 0832 *		0. 0786 **	0. 0848 *
		(0. 0356)	(0. 0485)		(0. 0357)	(0. 0481)

① 资源型城市名单来源于《国务院关于印发全国资源型城市可持续发展规划（2013 - 2020年）的通知》，http：//www. gov. cn/zwgk/2013 - 12/03/content_2540070. htm。

变量	$\sigma = 1.5$			$\sigma = 2$		
	OLS	OLS	IV	OLS	OLS	IV
资源型城市		0.0509 (0.0453)	0.0526 (0.0483)		0.0507 (0.0453)	0.0537 (0.0480)
省会城市		-0.0156 (0.0924)	-0.122 (0.115)		-0.0339 (0.0933)	-0.145 (0.116)
直辖市		0.278 (0.449)	-0.137 (0.428)		0.215 (0.450)	-0.170 (0.424)
到最近港口距离的对数		0.0166 (0.0610)	0.00226 (0.0709)		0.0169 (0.0610)	0.00577 (0.0703)
产业结构		0.148 *** (0.0385)	0.177 *** (0.0486)		0.150 *** (0.0385)	0.180 *** (0.0485)
财政支出对数		0.464 *** (0.0484)	0.420 *** (0.0650)		0.460 *** (0.0486)	0.410 *** (0.0660)
FDI 占比对数		-0.0347 (0.0221)	-0.0703 ** (0.0286)		-0.0357 (0.0221)	-0.0699 ** (0.0283)
省虚拟变量	是	是	是	是	是	是
常数项	是	是	是	是	是	是
观测值	286	262	193	286	262	193
Adj. R^2	0.532	0.668	0.629	0.535	0.668	0.634
F statistic	11.46	14.8	9.94	11.58	14.79	10.08
Cragg-Donald			12.899			13.171
Sargan P-value			0.2253			0.2360

注：括号内数字为标准误，***、**、*分别表示回归系数在1%、5%和10%的水平上显著。

表 9-3 回归结果 II

变量	$\sigma \to 1$			$\sigma \to \infty$		
	OLS	OLS	IV	OLS	OLS	IV
$\ln \tilde{h}$	0.815 *** (0.0696)	0.431 *** (0.0693)	0.788 *** (0.207)	3.714 *** (0.343)	1.898 *** (0.361)	4.325 *** (1.166)
$\ln l$	0.00985 (0.0326)	0.105 ** (0.0412)	0.114 (0.0810)	-0.0482 (0.0363)	0.0869 ** (0.0429)	0.0665 (0.0903)
行政辖区面积对数		0.0709 ** (0.0357)	0.0822 * (0.0491)		0.0908 ** (0.0369)	0.106 ** (0.0504)
资源型城市		0.0506 (0.0455)	0.0506 (0.0489)		0.0408 (0.0464)	0.0496 (0.0503)

变量	$\sigma \to 1$			$\sigma \to \infty$		
	OLS	OLS	IV	OLS	OLS	IV
省会城市		0.0132 (0.0916)	-0.0931 (0.115)		-0.0510 (0.0987)	-0.289** (0.139)
直辖市		0.361 (0.449)	-0.101 (0.435)		0.0166 (0.470)	-0.430 (0.443)
到最近港口距离的对数		0.0159 (0.0612)	-0.00218 (0.0721)		0.0153 (0.0625)	0.0271 (0.0730)
产业结构		0.146*** (0.0386)	0.174*** (0.0491)		0.167*** (0.0392)	0.205*** (0.0528)
财政支出对数		0.473*** (0.0481)	0.434*** (0.0641)		0.477*** (0.0499)	0.350*** (0.0804)
FDI 占比对数		-0.0328 (0.0222)	-0.0707** (0.0290)		-0.0343 (0.0227)	-0.0646** (0.0291)
省虚拟变量	是	是	是	是	是	是
常数项	是	是	是	是	是	是
观测值	286	262	193	286	262	193
Adj. R^2	0.522	0.666	0.619	0.497	0.651	0.597
F statistic	11.04	14.68	9.68	10.09	13.81	9.14
Cragg-Donald			12.142			8.523
Sargan P-value			0.2023			0.2213

注：括号内数字为标准误，***、**、*分别表示回归系数在1%、5%和10%的水平上显著。

人力资本对城市劳动生产率有显著的正向影响，且各种估计结果都非常稳定。有趣的是，随着假设的两类人力资本替代弹性的提高，$\ln \tilde{h}$ 的估计系数变大。且这一结论不会因为估计方法的不同而改变。以工具变量估计结果为例，当 $\sigma \to 1$ 时，劳动生产率对人力资本的弹性系数为0.788。在常见的替代弹性取值（$1.5 \leqslant \sigma \leqslant 2$）下，劳动生产率对人力资本的弹性系数介于 1.2~1.6。当 $\sigma \to \infty$ 时，劳动生产率对人力资本的弹性系数为4.325。根据法轮和拉雅德（Fallon and Layard，1975）、赛孔和佩里（2005）、卡赛利和科尔曼（Caselli and Coleman，2006）的研究结果，世界各国低技能劳动力和高技能劳动力的替代弹性多在 1.5~2.0。如果中国城市劳动力市场上两类人力资本的替代弹性也在这个区间内，那么，人力资本的产出弹性将介于 1.2~1.6。然而，由于城乡劳动力所受教育质量的差异，以及城市劳动力市场的不完全竞争性，两类人力资本的替代弹性可能低于世界平均水平。因此，本章倾向于相信城乡人力资本的替代弹性在

1.5 以下，相应的产出弹性不会超过 1.2。

在常见的替代弹性取值下（$1.5 \leqslant \sigma \leqslant 2$），城市劳动生产率对就业密度的影响的弹性系数大约等于 10%，该结果与库姆斯等（2015）的研究一致。这意味着，如果农村向城市的迁移将城市的就业密度提高 10%，那么，城市劳动生产率将大约增加 1 个百分点。不过在工具变量估计结果中，系数并不显著。根据回归分析的 F 值及 Cragg-Donald 值，这一结果似乎并不是由弱工具变量问题导致的。因此，中国的城市发展的集聚经济效应未得到充分发挥。这对 2010 年后的城市经济增长具有启示价值：促进经济活动进一步向大城市和大市场地区集聚，是促进城市发展，提高经济效率的重要方向。从本书的视角看，这要求城市建设用地供给要与经济活动的集聚保持一致，因此建设用地指标的投放应该顺人口流动方向，且需要纠正地方政府偏向工业用途的配置模式。

三、稳健性检验

人力资本对劳动生产率的影响可能会因为产业结构、城市类型、城市规模的不同而有所差异，这有可能对前面结论产生影响。为此，我们分别采用第三产业占比在 50% 以下、非资源型城市、非省会城市且非直辖市、人口规模小于 100 万人的城市为样本，使用工具变量方法重新估计式（9.8），回归结果如表 9-4 所示。人力资本对劳动生产率的影响并不会随所使用样本的变化而有所改变，特别是关键结论不变。当作完全替代假设时，人力资本的弹性系数在三种情况下超过了 4。在常见的替代弹性假设下（$1.5 \leqslant \sigma \leqslant 2$），人力资本的弹性系数 1~1.7，与全样本估计的弹性系数也没有太大差异。如果城乡人力资本的替代弹性接近于 1 的水平，人力资本的弹性系数将降到 0.7 左右，与全样本估计结果同样没有太大差异。

表 9-4　　　　　　　　　　稳健性检验结果

变量		第三产业占比小于 50% 的城市	非资源型城市	非省会非直辖市	人口小于 100 万的城市
	$\ln \tilde{h}$	0.699 ** (0.310)	0.674 * (0.352)	0.832 *** (0.232)	0.705 ** (0.302)
$\sigma \to 1$	$\ln l$	0.0312 (0.133)	0.133 (0.137)	0.102 (0.0933)	-0.119 (0.179)
	全部控制变量	是	是	是	是
	观测值	100	125	164	89
	Adj. R^2	0.516	0.717	0.594	0.548

变量		第三产业占比小于50%的城市	非资源型城市	非省会非直辖市	人口小于100万的城市
σ = 1.5	ln $\tilde{h}$	1.155 ** (0.502)	1.073 * (0.552)	1.267 *** (0.346)	1.019 ** (0.449)
	ln$l$	0.00415 (0.141)	0.114 (0.143)	0.0913 (0.0931)	−0.114 (0.176)
	全部控制变量	是	是	是	是
	观测值	100	125	164	89
	Adj. R^2	0.501	0.726	0.608	0.566
σ = 2	ln $\tilde{h}$	1.581 ** (0.683)	1.433 ** (0.730)	1.638 *** (0.442)	1.252 ** (0.571)
	ln$l$	−0.0164 (0.148)	0.0994 (0.148)	0.0835 (0.0934)	−0.109 (0.175)
	全部控制变量	是	是	是	是
	观测值	100	125	164	89
	Adj. R^2	0.486	0.732	0.615	0.576
σ → ∞	ln $\tilde{h}$	5.891 ** (2.918)	4.734 * (2.571)	4.448 *** (1.268)	1.594 (1.414)
	ln$l$	−0.158 (0.232)	−0.00668 (0.211)	0.0339 (0.106)	−0.0376 (0.180)
	全部控制变量	是	是	是	是
	观测值	100	125	164	89
	Adj. R^2	0.211	0.694	0.586	0.574

注：括号内数字为标准误，*** 、** 、* 分别表示回归系数在1%、5%和10%的水平上显著。

在使用"非资源型城市"和"非省会且非直辖市"样本的估计结果中，就业密度对劳动生产率的影响仍然接近于已有文献得到的影响（σ → ∞ 除外），但估计值不显著。如果使用第三产业占比小于50%，或者人口规模小于100万人的城市样本进行估计，就业密度的回归系数很小，且不显著。原因可能在于在这两类城市中，规模经济效应更小。从城市发展的视角看，建设用地指标配置应成为促进经济集聚的重要手段。根据稳健性检验结果，人口规模小于100万人的中心城市集聚能力有限，因此对中小城市来说，重要的是提高存量建设用地的利用效率，而不是对其再追加建设用地指标。

第三节　建设用地指标约束下的城市空间扩张

一、建设用地指标对城市空间扩张的量的制约

城市建设用地供给受到建设用地指标的制约，这源于《土地管理法》的制度设计。然而在现实中，各级地方政府依据《土地管理法》制定了"土地利用总体规划"后，建设用地指标的计划安排与经济发展实际难以完美相容，导致指标在前期过度使用，这迫使国土资源部（现"自然资源部"）于 2016 年启动了各级"土地利用总体规划"中重要指标的调整工作。部分省市提交的"关于土地利用总体规划（2006－2020 年）有关指标调整的函"公布在自然资源部网站中，[1] 从内容上看，指标调整主要涉及了"耕地保有量""建设用地总规模""城乡建设用地规模"等关键指标。这意味着，建设用地指标对建设用地供给制约作用的严格性可能有所松动。那么，各地区所分配的建设用地指标在多大程度上对城市空间扩张形成了制约，就值得进一步研究。

我们采取回归分析的方法进行检验。因变量为各市 2010～2020 年"市辖区建成区面积增量"，自变量为各市市辖区在第二轮土地利用总体规划中确定的"城乡建设用地增量"。预期回归结果有如下可能：（1）回归系数不显著，这表明建设用地指标对城市空间扩张没有制约作用，土地利用总体规划中确定的指标因此失去了严肃性。（2）回归系数显著，但显著大于 1。这表明建设用地指标对城市空间扩张有约束力，但约束并不严格。考虑到 2016 年的关键指标调整，这种可能性存在。（3）回归系数显著，且在 1 左右，即城市市辖区指标每多 1 公顷，城市空间便扩张 1 公顷，这是一种一对一的严格约束。

表 9－5 的回归结果显示，2010～2020 年市辖区的城乡建设用地指标增量对 2010～2020 年城市建成区面积增量有显著的影响，且回归系数仅略大于 1。这与上面讨论的结果（3）一致。由于一公顷的建设用地指标增长导致了一公顷的建成区面积扩张，这意味着中国的城乡建设用地指标

---

① 自然资源部网站"规划计划"栏目，https：//www.mnr.gov.cn/gk/ghjh/index.html。

制度对城市空间增长有非常严格的约束力。即便在 2016 年各级地方政府进行了关键指标的调整，但由于这一调整需要得到最高部门的审批，因此幅度不大，保持了指标的严肃性。

表 9-5　　　　　　　　　建设用地指标对城市空间扩张的量的制约

变量	结果 1	结果 2
市辖区城乡建设用地指标增量	1.038 *** (0.119)	1.130 *** (0.240)
常数项	29.51 *** (7.994)	26.43 ** (10.49)
省虚拟变量	否	是
观测值	135	135
R^2	0.365	0.507

注：括号内数字为标准误，***、** 分别表示回归系数在 1% 和 5% 的水平上显著。

二、建设用地指标对城市空间扩张的质的制约

表 9-6 考察了 2010～2020 年市辖区城镇常住人口增长率、市辖区城乡建设用地指标的增长率，以及市辖区建成区面积的增长率对 2010 年市辖区城镇常住人口规模的回归结果，显示了城市空间扩张、建设用地供给对人口集聚方向的偏离。[①] 首先，大城市具有更强的人口集聚能力，2010 年市辖区城镇常住人口每多出 1 万人，2010～2020 年的常住人口增长率将高出 0.1 个百分点。这意味着人口规模每多出 100 万人，10 年间的人口增长率将高出 10 个百分点，每年 1 个百分点。其次，尽管大城市有着更快的人口增长，但建设用地指标的增长与初期的人口规模毫无关系。最后，由于建成区面积的增长也与初期人口规模无关，显示了建设用地指标不仅制约了城市空间扩张的量（见表 9-5），也制约着城市空间扩张的质。通常情况下，只有在城市空间扩张和城市人口增长同步推进时，城市的经济增长效率才会提高。因此，如果建设用地指标的投放偏离了人口集聚的方向，那么人地错配将导致中国城市发展效率的损失。

---

① 与第五章不同的是，此处以市辖区建成区面积的增长率为参照，所以建设用地指标和城镇常住人口均在全部市辖区层面上进行了加总，而不是像第五章那样，将市辖区划分为了中心城区和非中心城区。

表 9 - 6　　　　　　建设用地指标对城市空间扩张的质的制约

变量	2010~2020 年市辖区城镇常住人口增长率	2010~2020 年市辖区城乡建设用指标增长率	2010~2020 年市辖区建成区面积增长率
2010 年市辖区城镇常住人口规模	0.100 ** (0.041)	0.00001 (0.00007)	0.0001 (0.0003)
常数项	-6.931 (8.321)	0.139 (0.146)	0.589 *** (0.158)
省虚拟变量	是	是	是
观测值	252	156	248
R^2	0.231	0.272	0.149

注: 括号内数字为标准误, ***、** 表示回归系数在 1% 和 5% 的水平上显著。

第四节　空间扩张模式与城市经济增长效率

一、纳入城市空间扩张的新古典增长模型

从城市空间扩张的角度考察城市经济集聚, 需要就空间扩张促进城市经济增长的机制作出解析。从新古典增长理论出发, 经济增长速度由初始发展水平与经济稳态之间的距离决定。将城市空间扩张嵌入新古典增长模型中, 如果城市空间扩张促进了经济集聚效应的发挥, 那么城市生产函数将上移, 初始发展水平和稳态发展水平之间的距离随之增加, 从而加速城市经济增长。

在图 9 - 4 中, 初始经济发展水平为 κ_0, 稳态水平为 κ_1^*。如果城市空间扩张更好地促进了经济集聚, 城市人均生产函数将提高到 y^2, 经济的稳态水平相应地提高到 κ_2^*。根据新古典增长理论, 初始状态离稳态更远, 经济增长速度更快。因此, 城市空间扩张提高了城市人均收入的增长率。当城市空间扩张与人口集聚方向保持一致时, 可以更好地发挥经济集聚效应。结合前面发现的城市建设用地指标配置模式, 城市空间扩张对城市经济增长效率会有异质性影响。因为人口集聚地的空间扩张更多地受到了指标的限制, 所以预期在人口规模更大的城市, 城市空间扩张更具价值, 经济增长效率更高。显示在图 9 - 4 中的是, 在人口规模更大的城市扩张空间, 便可将城市生产函数提高到更高的 y^3 的水平。相比于一般规模的城市扩张空间 (y^2 的情形), 这将获得更快的人均产出增长速度。

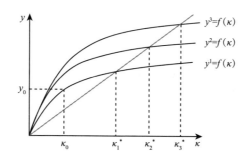

图 9 - 4   嵌入空间扩张因素的新古典增长模型

基于上述逻辑，我们首先在巴罗增长方程（Barro and Sala-I-Martin，1995）中嵌入城市空间扩张因素，构建计量经济模型：

$$growth\_of\_y_i = \beta_0 + \beta_1 \cdot y0_i + \beta_2 \cdot growth\_of\_a_i + \gamma \cdot X + \mu_i \quad (9.9)$$

其中，$growth\_of\_y_i$ 为第 i 个城市在 2010 ~ 2020 年人均 GDP（人均收入、人均产出）的增长率，$y0_i$ 为城市 i 在 2010 年初始人均产出水平。需要提及的是，式（9.9）以人均产出，而非总量产出作为被解释变量，是因为人均产出能够代表城市的生产效率，而总量产出则与效率因素无关。根据新古典增长模型的条件收敛理论，β_1 应显著为负，初始发展水平越高的城市，后续人均产出增长的速度越慢。$growth\_of\_a_i$ 为城市 i 在 2010 ~ 2020 年城市空间的扩张速度，定义为 2020 年市辖区建成区面积相对于 2010 年的增长率。X 是表 9 - 2 中的所有控制变量向量。

本章聚焦城市空间扩张的异质性影响。为此进一步将式（9.9）拓展为式（9.10）的形式。与式（9.9）相比，式（9.10）有两个不同。首先，纳入了城市规模对经济增长的影响，这包括了两个维度的因素：一是城市的绝对人口规模，二是城市的绝对空间规模。预期人口规模越大的城市，因经济活动的规模经济效应更强，增长速度越快。其次，置入了城市空间扩张速度与两个维度的城市规模的交互项，考察的问题是，在人口规模更大的城市扩张空间，或是在初始空间更大的城市进一步扩张空间，谁更能促进经济增长。具体的模型形式如下：

$$\begin{aligned}
growth\_of\_y_i = {} & \beta_0 + \beta_1 \cdot y0_i + \beta_2 \cdot growth\_of\_a_i + \beta_3 \cdot growth\_of\_a_i \cdot SP_i \\
& + \beta_4 \cdot growth\_of\_a_i \cdot SA_i + \beta_5 \cdot SP_i \\
& + \beta_6 \cdot SA_i + + \gamma \cdot X + \mu_i \quad\quad (9.10)
\end{aligned}$$

在式（9.10）中，SP_i 为城市 i 的绝对人口规模，SA_i 为城市 i 的绝对空间面积。因为更大规模的城市因经济集聚效应而增长更快，预期 β_5 为正，但空间面积更大的城市是否有更快的增长速度，需要实证考察。本章重点关注系数 β_3 的回归结果。如果城市绝对的人口规模与空间扩张速度能够形成正的交互效应，则 β_3 将显著为正。表明在初始人口规模越大的城市，更多地促进空间扩张，能够提高城市经济增长速度。如果这一预期得到印证，则为城市化进程中的人地协调发展提供了最直接的证据。

二、回归结果分析

（一）变量统计描述

从 2021 年的《中国城市统计年鉴》采集 2020 年城市建成区面积、市辖区城镇常住人口，以及产出数据；从 2011 年的《中国城市统计年鉴》采集 2010 年城市建成区面积和产出数据，并利用"六普"数据汇总市辖区城镇常住人口，统计结果如表 9 - 7 所示。（1）2010 年，市辖区城镇人均 GDP 的均值为 4.322 万元/人。2010～2020 年，城市人均 GDP 平均增长 59%，最大增长为 147%。同时也有人均 GDP 下降的个案，这些城市集中于东北地区，如七台河市、佳木斯市、松原市等。（2）2010 年市辖区建成区面积平均为 114.297 平方千米，2020 年均值增长到 171.819 平方千米，平均增长 41%，最大值增长 353%。（3）2010 年市辖区城镇常住人口 139.011 万人，最小值 15.23 万人，最大值 1542.77 万人，2020 年市辖区城镇常住人口增长到 189 万人。

表 9 - 7　　　　　　　　　　式（9.10）变量统计描述

变量	观测值	均值	标准差	最小值	最大值
人均收入增长	256	0.592	0.351	-0.379	1.474
2010 年市辖区城镇人均 GDP	256	4.322	2.571	0.622	19.966
2010 年市辖区城镇常住人口	256	139.011	176.068	15.23	1542.77
2010 年市辖区建成区面积	256	114.297	153.841	14	1186
2020 年市辖区城镇常住人口	232	189.228	319.568	13	2222
2020 年市辖区建成区面积	243	171.819	217.634	14	1565
2010～2020 年建成区面积增长	229	0.406	0.421	-1.032	3.526

（二）回归结果分析

式（9.9）和式（9.10）的回归结果（见表 9 - 8），与所有新古典增长模型的条件收敛假说一致，城市 2010 年的人均收入与 2010～2020 年的经济增长速度之间呈反相关关系：初始发展水平越低的地区经济增长速度越快，从而显示出与高发展水平地区的收敛特性。2010～2020 年的城市辖区建成面积的扩张对此期间的经济增长速度并没有显著影响。这表明中国城市经济集聚效应在整体上是不足的。在这一背景下，城市空间的扩张并不一定促进经济活动的进一步集聚，从而无法提高经济效率。式（9.10）的回归结果中，城市建成区面积的增长同样不能促进人均收入增长。与此同时，初始的城市人口规模显示了促进人均收入增长的作用，但未达到常规的统计显著性水平。初始的城市空间规模与后续的人均收入增长速度同样无关。此处的一个重要发现是，尽管城市空间扩张无法单独促进人均收入的增长，但是，在人口规模更大的城市，城市空间扩张能够显著提高人均收入的增长速度。

表 9 - 8　　　　　　　2010～2020 年城市经济增长模型回归结果

变量	模型 (9.9)	模型 (9.10)
$y0$	-0.0688 *** (0.0090)	-0.0635 *** (0.0103)
$growth\_of\_a$	0.0127 (0.0376)	-0.0526 (0.0698)
SP		0.0003 (0.0005)
SA		-0.0003 (0.0005)
$growth\_of\_a \cdot SP$		0.0015 ** (0.0007)
$growth\_of\_a \cdot SA$		-0.0013 * (0.0007)
其他控制变量	是	是
省固定效应	是	是
常数项	是	是
观测值	229	229
R^2	0.709	0.724

注：括号内数字为标准误，*** 、** 、* 分别表示回归系数在 1%、5% 和 10% 的水平上显著。

这一发现具有重要的政策含义。城市人口规模越大，经济集聚能力越强，此时提高城市发展空间，有利于经济活动的进一步集聚，提高城市发展效率。从反方向来看，如果大城市的发展空间受限，而中小城市空间扩张却受到鼓励，则导致城市发展效率损失。表 9 - 8 的回归结果表明，城市空间的扩张应该顺承人口集聚的方向，人地协调有利于提高城市经济增长效率。然而，如第三节研究结果所显示的，实践中城市空间扩张受到建设用地指标的制约，且指标的配置逆人口集聚方向，因此中国的城市建设用地指标配置导致了城市发展效率损失。

第五节　本章小结

城市发展效率来源于集聚经济。如果城市的人均产出仅仅决定于人均要素投入，而不能从集聚经济中获益，便存在效率损失。本章第一节构建了一个与中国制度背景相适应的城市宏观生产函数，将城市的人均产出分解为三种因素的贡献：（1）体现了集聚经济外部性的就业密度；（2）城市二元劳动力市场上的人力资本指数；（3）物质资本。实证研究发现，就业密度对城市人均产出并未有稳定的正向促进作用，显示了集聚经济外部性对城市发展的贡献不显著。因此，中国的城市发展存在效率损失。

本章进一步认为，城市发展的效率的提升取决于城市空间的扩张与人口集聚的方向是否协调。只有城市空间扩张与人口集聚的方向相一致时，才能发挥集聚经济外部性的作用。本章在一个嵌入了空间扩张因素的新古典增长模型中表达了上述想法。分析结果显示，空间扩张促进经济集聚是有条件的，只有在集聚能力更强的城市推动空间扩张，才可发挥集聚经济外部性，提高城市经济增长速度。实证研究结果证明了这一假说，研究发现：在2010年初始人口规模更大的城市提高空间扩张速度，可加速其在2010~2020年的经济增长。

上述发现是逆人口集聚方向的指标配置模式的自然结果。在区域平衡发展战略的影响下，中国建设用地指标的配置追求均衡，经济集聚能力更强的大城市无法分配到足够的指标，这使得中国大城市空间扩张更具价值。为此，本章在第四节进一步论证了建设用地指标配置和城市空间扩张的关联性，相关研究从两个维度展开。首先是"量"的方面。实证研究发现，尽管土地利用总体规划中确定的各项关键指标在2016年进行了调整，但建设用地指标对城市空间扩张依然有严格制约作用。这表现为建设用地指标每增加1公顷，2010~2020年的城市的建成区面积便严格增加1公顷，显示了一种"一对一"的严格制约作用。其次是"质"的方面。实证研究结果显示，2010年初始人口规模越大的城市，2010~2020年的人口增长率越高。但是2010~2020年建设用地指标的增长却与城市初始人口规模毫无关系，2010~2020年城市建成区面积的扩张也与城市初始人口规模毫无关系，从而显示了建设用地指标制约下的城市空间扩张偏离了人口集聚方向。

城市的可持续发展源于其对集聚经济外部性的有效利用。假设城市空间刚性不变，任何城市的增长最终都会因为过度拥挤而衰落。因此在城市衰落之前，政策要完成的使命便是顺应经济集聚的趋势，扩张城市发展空间。中国城市空间的扩张受建设用地指标的制约。如果总量指标既定，而指标配置又必须遵循区域平衡原则，其结果就必然是经济集聚地因失去发展空间而产生效率损失。基于这一逻辑，如果国家政策层面上的耕地保有量不能突破，建设用地指标总量也不能增加，那么放弃指标配置的区域平衡原则就非常重要。其实这不是一个技术问题，而是一个观念问题，因为"在集聚中走向平衡"是成熟市场经济国家的一般经验。

第十章　研究结论

第一节　研究发现

第一，中国的城市人口增长主要发生在大城市和沿海大市场地区。基于人口普查数据，使用常住人口的统计口径，利用齐夫回归方法，研究发现，随着中小城市偏向的城市化政策在 2000 年之后的调整，大城市的人口规模显著增长，城市规模分布朝着集中化的方向发展。使用跨省迁移人口作为地区经济集聚能力的度量指标，发现沿海大城市和城市群吸引的跨省迁移人口最多，这显示了大城市和大市场在促进城市人口增长中的作用。微观机制分析表明：农村迁移人口更多地从大市场提供的"金融外部性"中受益，而较少受益于大城市提供的"技术外部性"。这种不同的受益模式与劳动力行业进入的"户籍门槛"有关。改革开放后，中国户籍制度改革稳步推进，但沿海大城市改革的力度相对滞后。随着依附于户籍的公共服务进一步取消，人口进一步向这些大城市集聚。

第二，中国城市建设用地指标配置模式与城市人口增长特征不相容。本书基于一系列政策文献的分析，归纳出中国城市建设用地指标的配置模式。该模式可总结为：中国城市的土地供给受制于一个"从中央到地方""先地区后用途"的建设用地指标配置制度，即指标的地区配置和用途配置。进而基于中央政府和地方政府不同的激励模式，构建理论模型，提出了两个有关指标配置逻辑的假说。一是中央政府在区域平衡发展战略下，将建设用地指标作为支持欠发达地区发展的政策工具，使得指标的配置偏离了人口集聚的方向。二是区县政府在财政激励下，将更多的指标配置于工业用途，居住用地指标配置会受到挤压。基于土地利用总体规划和土地利用年度计划中建设用地指标配置数据的分析，我国执行了一种"逆人口集聚方向叠加偏向工业用途"的建设用地指标配置模式。

第三，中国城市建设用地指标模式与城市人口增长模式的不协调推高了房价，并引致公共支出结构失衡。偏向工业用途的城市建设用地指标配置模式对居住用地供给产生了挤压效应，而且这一效应会向住房市场溢出：居住用地指标占比越低，住宅用地的出让价格越高，人均商品住房的销售面积越低。这是财政激励下地方政府掌控的土地用途配置与人口城市化不相容的必然结果。另外，土地抵押融资是地方政府获取城市建设资金的重要手段，从而推高了地方政府债务。在这一背景下，建设用地指标会向地方政府债务转化。而在偿债需求激励下，地方公共支出偏向了基础设施类公共产品，挤压民生性公共产品供给。

第四，中国的城市发展存在集聚经济效率损失。城市的集聚经济来自一个适中就业密度带来的规模经济效应。当中小城市因过多的建设用地供给引致城市蔓延，而大城市因建设用地供给紧张而承担高房价成本时，城市的集聚经济效应将无法发挥出来。因为建设用地指标投放偏离了人口集聚方向，大城市空间扩张表现出了更强的加速城市经济增长的能力。鉴于建设用地指标对城市空间扩张具有严格的管控能力，大城市建设用地指标的稀缺程度不能借助其他途径缓解，因此当前的指标配置模式急需变革。

第二节　政策分析

一、"人地脱钩"的城市化政策

中国的城市化政策研究有两个主题：一是约束人口和劳动力自由流动的户籍制度，这方面的讨论较多；二是城市建设用地供给，这方面的讨论相对较少。而聚焦于二者之间逻辑关系的系统、深入讨论就更不多见了。在改革开放前，人口的城乡迁移受到最严格的控制，但随着市场化改革的深入，人口自由流动的权利愈发受到尊重。导致这种变化的原因则是改革开放激发出的城市劳动力需求。在这一背景下，户口尽管在阻止人口"定居"上较为有效，但却无法阻止人口"流动"，沿海地区和大城市的人口规模因此持续膨胀。这是市场化改革引发的经济集聚效应的必然结果。城市建设用地供给问题主要产生于土地财政出现之后。1998年新修订的《中华人民共和国土地管理法》将土地出让收入赋予地方政府后，城市空间扩张处于失序状态。为了对城市空间无序蔓延进行管控，保护耕地，维护社会稳定，中央政府出台了一个建设用地指标配置制度。由于总量有限，建设用地指标价值凸显，因此进一步被中央政府作为支持区域平衡发展战略的政策工具使用。

通过具体梳理户籍制度改革和建设用地供给政策演进的脉络，可以发现二者之间的关系经历了"无关"到"相左"的转变。1998年修订的《中华人民共和国土地管理法》第一次确定了城市建设用地供给的主体，并用一个总量控制的指标分配制度限制城市建设用地供给规模。然而在此之前，中国的户籍制度已松动多年，从农村到城市的人口流动早已启动，从这点来看，城市建设用地的供给与人口的迁移流动是完全不相关的。2000年后，国家的城市化政策发生了较大转变，从先前"积极推动中小城市和小城镇发展，严格控制大城市规模"变革为"大中小城市协调发展"，但是在区域平衡发展战略下，城市建设用地指标的配置一直偏向欠发达地区，这限制了大城市的建设用地供给规模，导致了人口集聚方向和建设用地指标投放方向的不一致。

这种不相一致的人口城市化政策和土地城市化政策提高了城市发展的成本。城市化是一个要素空间集聚的过程，这是全世界城市发展所遵循的一个普遍规律。一方面，各类生产要素倾向于集聚以更好"分享""学习""匹配"，同时以更低的运输成本获得多样化消费品，这是集聚的收益。但另一方面，人口的持续集聚会产生拥挤效应，典型表征是土地要素价格的上升。如果人口集聚的收益大于人口集聚的成本，城市规模就会持续提高。但一旦城市空间过于刚性，过度拥挤必然到来，城市便走向衰落。这意味着城市空间的适时适度扩张，将有助于城市集聚经济的充分利用，推动一国城市化向更高水平更高质量迈进。

二、"人地挂钩"的城市化政策

中央政府已经注意到了中国城市发展中的人地资源错配问题。在2014年《国家新型城镇化规划（2014—2020年）》确立"1亿左右农业转移人口和其他常住人口在城镇落户"的发展目标的同时，提出要探索实行"城镇建设用地增加规模与吸纳农业转移人口落户数量挂钩"的政策。随后，在党的十八届五中全会、中央城镇化工作会议上，进一步明确了"建立城镇建设用地增加规模同吸纳农业转移人口落户数量挂钩机制"的改革任务，中央全面深化改革委员会也将该项改革任务列入工作要点。到2016年，国家"十三五"规划纲要进一步强调加快农业转移人口市民化，明确提出要"建立城镇建设用地增加规模同吸纳农业转移人口落户数量挂钩"机制。2016年10月10日，国土资源部、国家发展和改革委、公安部、人力资源和社会保障部、住房和城乡建设部等五部门联合发布《关于建立城镇建设用地增加规模同吸纳农业转移人口落户数量挂钩机制的实施意见》，明确提出"将根据吸纳农业转移进城落户人口数量，合理确定城镇新增建设用地规模，以人定地"，"人地挂钩"终于以制度的形式落实下来。同时，该实施意见对政策前景作出明确规划，提出到 2018 年要基本建立人地挂钩机制，2020 年全面建立科学合理的人地挂钩机制政策体系。

"人地挂钩"政策的要义是根据城市吸纳农业转移人口落户的规模确定城镇建设用地的供给数量，从本质上看，这还是一个"应急性"的政策，而不是一个"前瞻性"的政策，因此具有局限性。根据"人地挂钩"政策，哪个城市吸纳人口落户的规模大，就可以获得更多的建设用地供给。对于一些外生的冲击（比如说生态移民、库区移民等），这种政策应该具有显著的效果。但是，多数情况下的农业转移人口落户是一个内生的经济过程，一些城市吸纳的农业转移人口落户数量较少，往往正是因为城市建设用地供给不足，城市生活成本高企造成的。在这种情况下，更应该增加城市建设用地的供给以促进落户，而不能因落户数量少而减少建设用地供给。也就是说，应在事前主动地根据人口流动方向增加土地供给，而不应在事后被动地根据落户情况安排土地供应。

"人地脱钩"的城市化政策推高了房价、引致城市公共支出结构失衡、牺牲城市集聚经济效率，阻碍了中国城市化的健康发展。"人地挂钩"在一定程度上缓解了人口集聚方向和建设用地指标投向的不匹配，减轻了其对城市化的负面影响。但是现行的"人地挂钩"政策似乎弄反了方向。主要表现为现有的建设用地指标供给是根据人口落户情况被动作出的，而不是事前根据城市的人口集聚能力而主动作出调整，因此这一政策对城市化的推进作用有限。中国未来的城市化政策应该有更为科学合理的制度设计。

三、建设用地指标跨地区交易政策

陆铭（2010）指出，提高城市建设用地指标配置效率的方式有两个：一是借助于中央政府的力量，将更多的指标分配给那些建设用地需求更多的地区；二是在全国范围内建立跨地区的建设用地指标交易机制。对于第一种方式，哪些地区有更多的建设用地需求很难界定。从效率的角度看，大城市和沿海大市场地区的建设用地指标需求更大。但建设用地指标是一种稀缺资源，所以从区域平衡发展战略出发，欠发达的中小城市和内地也有更强的指标需求。正如本书研究结果所显示的，我国的城市建设用地指标被当作一种促进地区经济发展的稀缺资源使用，在区域平衡发展战略下，建设用地指标分配并不追求效率优先。这样一来，对指标进行平衡配置的政策实践导致了效率上的损失，这正是本书第七、第八、第九章研究的结论。在这一背景下，建立全国范围内的跨地区指标交易市场似乎是一个能够兼顾效率与公平的制度创新。

但在实际运行中，指标交易机制的效果差强人意。刘红梅等（2017）的研究显示，上海市建设用地指标交易存在如下困境：（1）交易半径狭小，主要为同一市辖区内部交易。由于同一辖区内经济发展水平和资源禀赋差异小，市场交易规模有限。(2) 市场化程度低，行政谈判方式代替了市场化交易。(3) 定价机制不合理，未能将指标落地后的增值收益纳入价格。(4) 收益分配不完善，农民和集体未分配到合理收益。类似的结论在唐薇和唐鹏程（2019）关于成都建设用地指标交易的研究中也有所体现。

建设用地指标交易市场难以建立，原因有如下两点。首先是信息成本高、价格发现困难。因为建设用地指标是一种稀缺资源，需求旺盛，但供给有限。发达地区因经济活动繁荣，用地指标需求高；欠发达地区更要发展，指标出售的意愿也不强。但只要市场是完善的，价格机制仍然能够实现市场出清。但是，建设用指标的价值取决于未来收益的贴现，具有很高的不确定性，价格发现困难使得市场难以成长。其次是市场主体不明，行政干预代替市场契约。建设用地指标供给需要农民、集体和地方政府共同参与，谁主导是一个问题。一旦出现行政剥夺了农民和集体的利益的情况，市场必将萎缩。这些都是高额交易成本的体现，使得即便是在上海这样一个有限空间内的建设用地指标交易市场都难以建立，更不用说一个全国统一的跨地区交易市场了。鉴于指标交易机制构建的困难，陆铭（2010）指出的第一种方式便不能抛弃。[①]

第三节　政策建议

一、建设用地指标不宜作为区域平衡发展战略的政策工具

当全国统一的跨地区指标交易市场因高昂的交易成本难以建立，中央

① "增减挂钩"政策也是一种解决建设用地指标不足的方式，但它是一种不借助交易而获得建设用地指标的方法。参见谭明智．严控与激励并存：土地增减挂钩的政策脉络与地方实施[J]．中国社会科学，2014（7）。因为"增减挂钩"政策是通过土地整理减少农村建设用地，以增加城镇建设用地，实现增量扩张。参见贺雪峰．城乡建设用地增减挂钩政策的逻辑与谬误[J]．学术月刊，2019（1）。但本书研究的是存量建设用地指标的配置问题。因此，尽管"增减挂钩"政策有助于缓解中国人口集聚区的建设用地指标需求，但这是另一个议题，需另行讨论。

政府在指标配置上的作用便不容忽视。由此衍生的一个问题是，指标的配置原则是效率优先，还是公平优先。从世界各国发展的一般经验来看，经济活动集聚是更有效率的生产方式，且这一生产方式并不会带来地区差异的扩大，即在集聚中走向平衡（世界银行，2009；陈钊和陆铭，2009；向宽虎和陆铭，2022）。因此，建设用地指标配置不宜作为区域平衡发展战略的政策工具。

但现实是，无论是上一轮各级《土地利用总体规划》的编制，还是最新的《市级国土空间总体规划》的编制，建设用地指标都被用作实现区域平衡发展的政策工具。例如在《全国土地利用总体规划纲要（2006—2020）》的第六章"统筹区域土地利用"中，对于中西部地区，实施了"增加城乡建设用地面积""支持少数民族地区和边疆地区发展""支持中部崛起"的政策，而对沿海经济集聚区，则要"严格控制城镇和工业用地外延扩张"。2019 年，自然资源部实行"多规合一"政策，启动了新一轮的国土空间规划编制工作。[①] 在 2020 年下发的《市级国土空间总体规划编制指南（试行）》（以下简称《指南》）中，建设用地指标仍旧作为促进区域平衡发展的重要政策工具。以《指南》中对"城镇弹性发展区"的划定为例，随着城市规模提高，弹性发展区面积占比从 300 万人以下城市的 15%下降到 1000 万人以上城市的 3%。这种对小规模城市空间扩张的支持仍然是新的国土空间规划的基本原则。根据《指南》的定义，"弹性发展区"指的是"为应对城镇发展的不确定性，在城镇集中建设区外划定的地域空间"。在这一定义中，弹性发展区被明确定义为应对城镇发展的需要。一般情况下，规模越大的城市发展的不确定性越大，对弹性发展区的需求越大，但规划没有顺应这一需求。

至 2020 年，中国的常住人口城镇化率才刚过 60%。根据世界城市化进程的一般规律，这一阶段的人口城市化主要发生在大城市和大市场地区。更为重要的是，2020 年中国的户籍人口城镇化率还不足 50%，所以预期在未来的一段时间内，大城市和大市场地区的人口集聚仍将持续。因此一个自然而然的建议是，城市建设用地指标的配置应在事前和人口集聚的方向保持一致，而不能在事后根据农业转移人口落户情况决定指标配置的数量，更不能将其作为支持区域平衡发展战略的政策工具。本书在第八

---

① 最新的政策要求各地不再新编和报批主体功能区规划、土地利用总体规划、城镇体系规划、城市（镇）总体规划、海洋功能区划等，而应按照新的规划编制要求，统一编制国土空间规划。参见"自然资源部关于全面开展国土空间规划工作的通知"，http://gi.mnr.gov.cn/201905/t20190530_2439129.html。

章已经证明，建设用地指标稀缺，充足的指标是促进地区经济发展必要条件。但是，建设用地指标会向地方债务转化，并在偿债需求的激励下，引发公共支出结构失衡。因此，偏向欠发达地区的建设用地指标配置对这些城市发展的影响并不总是正面的。

二、建设用地指标配置应以有利于发挥城市经济集聚效应为原则

根据本书第九章的研究结果，建设用地指标对中国城市的空间扩张具有严格的、近乎"一比一"的约束力，这预示着实践中的建设用地指标交易并不能缓解经济集聚地的用地需求。[①] 在这一背景下，建设用地指标的初始配置不当就会对土地利用效率和区域经济发展带来持久的负面影响。[②] 本书第九章研究发现，大城市的空间扩张能够显著提高经济增长速度，这意味着城市建设用地指标的配置应偏向人口集聚区，应以促进城市集聚经济效应发挥为原则。从表面上看，建设用地指标偏向发达的人口集聚区，似乎与国家倡导的区域平衡发展原则相悖，然而事实并非如此。在集聚中走向平衡是世界各国经济发展的一般经验。通过建立一个统一开放的市场，让生产要素充分流动起来，空间均衡的力量最终会帮助实现区域平衡发展。在这一过程中，政策所要做的就是尽可能地放大城市经济集聚效应，让大城市的拥挤效应来得更晚一些，程度更轻一些。如果非得要用指标来规制城市的空间扩张，这种规制必须考虑到各个城市因经济集聚效应不同而形成的差异化空间需求。

三、通过彻底的户籍制度改革构建一体化的区域和城乡劳动力市场

中国的城市化得益于改革开放后户籍制度对人口流动限制的逐步解除，这是构建一个一体化的区域和城市劳动力市场的前提。正是人口的流动性增强，大城市和大市场地区更高的经济效率才得以发挥。目前，人口落户小城镇和小城市基本没有了障碍。但是在大中城市，特别是一些特大城市和超大城市，人口落户还非常困难。依附于户籍上的公共服务差异提高了流动人口的城市生活成本，中国区域和城乡劳动力市场的一体化水平

---

① 大量研究揭示，建设用地指标的交易半径狭小，市场化程度低，定价机制不合理，收益分配不完善等一系列问题。参见刘红梅等. 建设用地减量化过程中的土地指标市场化机制研究［J］. 中国土地科学，2017（2）。

② 束磊等使用长时序的卫星遥感影像数据，揭示了京津冀地区土地利用效率的特征，发现京津冀地区中小城市土地利用效率持续走低。参见束磊等. 2000－2020年京津冀城镇建设用地及SDG11.3.1指标数据集［J］. 中国科学数据，2022（2）。

仍有待提高。尽管国家开始实施居住证制度，以保障外来人口在城市享有与本地居民同等的工作和生活权利。但是在实践中，"居住证"还是比不上"户口本"。在很多城市，持有居住证甚至都无法使用公积金购房，在子女教育、医疗保障方面也无法享有与持有户口本的本地居民同样的权利。这种不彻底的户籍制度改革限制了人口的迁移能力，限制了经济集聚效应的发挥，城市增长潜能还需要被进一步激发。

为此本书建议，切实实行居住证制度，保障人口自由迁徙和自由选择居住地的权利。落实这一政策建议，长期是要建立起居住证与户口本同等的法律效力。具体来说，就是要在所有需要"户口"作为居民享有本地公共服务的凭证的事务上，都应该承认居住证具有同等效力。对政策制定者来说，最大的担心莫过于大量人口迁入而引发的地方财政负担。但是根据有关学者测算（赵军洁和张晓旭，2021），彻底的户籍制度改革成本并非高不可攀，且改革的收益远大于改革的成本。这表现在三个方面：一是持有居住证的居民已经享有了一定的城市公共服务；二是户籍改革所引发的养老支出是长期成本，并不会带来短期的支出压力；三是改革成本由各级政府共同买单，而非完全由本地政府承担。

参 考 文 献

[1] 白重恩，钱震杰，武康平．中国工业部门要素分配份额决定因素研究 [J]．经济研究，2008 (8)．

[2] 保罗·贝洛克．城市与经济发展 [M]．南昌：江西人民出版社，1991．

[3] 常晨，陆铭．新城之殇——密度、距离与债务 [J]．经济学 (季刊)，2017 (4)．

[4] 陈良文，杨开忠，吴姣．中国城市体系演化的实证研究 [J]．江苏社会科学，2017 (1)．

[5] 陈钊，陆铭．在集聚中走向平衡 [M]．北京：北京大学出版社，2009．

[6] 陈钊，申洋．限购政策的空间溢出与土地资源配置效率 [J]．经济研究，2021 (6)．

[7] 范剑勇．产业集聚与地区间劳动生产率差异 [J]．经济研究，2006 (11)．

[8] 范剑勇，莫家伟．地方债务、土地市场与地区工业增长 [J]．经济研究，2014 (1)．

[9] 范剑勇，莫家伟，张吉鹏．居住模式与中国城镇化——基于土地供给视角的经验研究 [J]．中国社会科学，2015 (4)．

[10] 范剑勇，张雁．经济地理与地区间工资差异 [J]．经济研究，2009 (8)．

[11] 付敏杰，张平，袁富华．工业化和城市化进程中的财税体制演进：事实、逻辑和政策选择 [J]．经济研究，2017 (12)．

[12] 傅勇．财政分权、政府治理与非经济性公共品供给 [J]．经济研究，2010 (8)．

[13] 傅勇，张晏．中国式分权和财政支出结构偏向：为增长而竞争的代价 [J]．管理世界，2007 (3)．

［14］高虹.城市人口规模与劳动力收入［J］.世界经济,2014（10）.

［15］国土资源部.全国土地利用总体规划纲要（2006－2020）［M］.北京:中国法制出版社,2008.

［16］贺雪峰.城乡建设用地增减挂钩政策的逻辑与谬误［J］.学术月刊,2019（1）.

［17］Henderson,J.V.中国的城市化:面临的政策问题与选择［J］.城市发展研究,2007（4）.

［18］胡兆量.大城市的超前发展及其对策［J］.北京大学学报（哲学社会科学版）,1986（5）.

［19］蒋省三,刘守英,李青.土地制度改革与国民经济成长［J］.管理世界,2007（19）.

［20］金士宣,徐文述.中国铁路发展史1876～1949［M］.北京:中国铁道出版社,1986.

［21］金晓雨.城市建设用地错配与潜在效率损失:基于非参数的核算方法［J］.城市发展研究,2022（6）.

［22］李金滟,宋德勇.专业化、多样化与城市集聚经济——基于中国地级单位面板数据的实证研究［J］.管理世界,2008（2）.

［23］梁若冰.财政分权下的晋升激励、部门利益与土地违法［J］.经济学（季刊）,2010（1）.

［24］梁琦,钱学锋.外部性与集聚:一个文献综述［J］.世界经济,2007（2）.

［25］梁云芳,高铁梅.中国房地产价格差异波动的实证分析［J］.经济研究,2007（8）.

［26］刘红梅,刘超,孙彦伟,王克强,刘伟,龙腾.建设用地减量化过程中的土地指标市场化机制研究——以上海市为例［J］.中国土地科学,2017（2）.

［27］刘凯.中国特色的土地制度如何影响中国经济增长［J］.中国工业经济,2018（10）.

［28］刘守英,熊雪峰,章永辉,郭贯成.土地制度与中国发展模式［J］.中国工业经济,2022（1）.

［29］刘修岩,贺小海,殷醒民.市场潜能与地区工资差距:基于中国地级面板数据的实证研究［J］.管理世界,2007（9）.

［30］刘修岩,殷醒民.空间外部性与地区工资差异:基于动态面板数据的实证检验［J］.经济学（季刊）,2008（1）.

[31] 陆铭. 建设用地指标可交易: 城乡和区域统筹发展的突破口 [J]. 国际经济评论, 2010 (2).

[32] 陆铭. 建设用地使用权跨区域再配置: 中国经济增长的新动力 [J]. 世界经济, 2011 (1).

[33] 陆铭, 高虹, 佐滕宏. 城市规模与包容性就业 [J]. 中国社会科学, 2012 (10).

[34] 陆铭, 向宽虎, 陈钊. 中国城市化和城市体系调整 [J]. 世界经济, 2011 (6).

[35] 陆铭, 张航, 梁文泉. 偏向中西部的土地供应如何推升了东部的工资 [J]. 中国社会科学, 2015 (5).

[36] 陆旸. 城市规模分布和经济发展: 存在一种特定模式吗? [J]. 人口研究, 2021 (4).

[37] 马斯格雷夫·理查德, 马斯格雷夫·佩吉. 财政理论与实践 [M]. 北京: 中国财政经济出版社, 2003.

[38] 梅冬州, 温兴春. 外部冲击、土地财政和宏观政策困境 [J]. 经济研究, 2020 (5).

[39] 米晋宏, 刘冲. 住房限购政策与城市房价波动分析 [J]. 上海经济研究, 2017 (1).

[40] 宁光杰. 中国大城市的工资高吗? ——来自农村外出劳动力的收入证据 [J]. 经济学 (季刊), 2014 (3).

[41] 牛霖琳, 洪智武, 陈国进. 地方政府债务隐忧及其风险传导——基于国债收益率与城投利差的分析 [J]. 经济研究, 2016 (11).

[42] 沈坤荣, 余吉祥. 农村劳动力流动对中国城镇居民收入的影响 [J]. 管理世界, 2011 (3).

[43] 世界银行. 重塑世界经济地理 [M]. 北京: 清华大学出版社, 2009.

[44] 束磊, 周美玲, 鹿琳琳, 陈方, 马永欢, 张双成, 刘昭华. 2000 – 2020 年京津冀城镇建设用地及 SDG11.3.1 指标数据集 [J]. 中国科学数据, 2022 (2).

[45] 宋琪, 汤玉刚. 基于公共品资本化的地方财政激励制度研究——土地财政如何影响公共品提供 [J]. 经济理论与经济管理, 2016 (1).

[46] 孙文凯. 中国户籍制度现状、改革阻力与对策 [J]. 劳动经济研究, 2017 (3).

[47] 孙秀林, 周飞舟. 土地财政与分税制: 一个实证解释 [J]. 中

国社会科学，2013（4）．

[48] 陶然．中国当前增长方式下的城市化模式与土地制度改革——典型事实、主要挑战与政策突破 [C]．清华–布鲁金斯公共政策研究中心工作论文，2011．

[49] 陶然，陆曦，苏福兵，汪晖．地区竞争格局演变下的中国转轨：财政激励和发展模式反思 [J]．经济研究，2009（7）．

[50] 陶然，汪晖．中国尚未完成之转型中的土地制度改革：挑战与出路 [J]．国际经济评论，2010（2）．

[51] 谭明智．严控与激励并存：土地增减挂钩的政策脉络及地方实施 [J]．中国社会科学，2014（7）．

[52] 唐薇，唐鹏程．建设用地指标交易市场化：现实困境及机制重构——基于成都等地建设用地指标交易实践的思考 [J]．西南民族大学学报（人文社科版），2019（9）．

[53] 唐为，王媛．行政区划调整与人口城市化：来自撤县设区的经验证据 [J]．经济研究，2015（9）．

[54] 田传浩，李明坤，郦水清．土地财政与地方公共物品供给——基于城市层面的经验 [J]．公共管理学报，2014（4）．

[55] 汪冲．用地管控、财政收益与土地出让：中央用地治理探究 [J]．经济研究，2019（12）．

[56] 王建国，李实．大城市的农民工工资水平高吗？[J]．管理世界，2015（1）．

[57] 王小鲁．中国城市化路径和城市规模的经济学分析 [J]．经济研究，2010（10）．

[58] 王小鲁，夏小林．优化城市规模推动经济增长 [J]．经济研究，1999（9）．

[59] 王永培，晏维龙．中国劳动力跨省迁移的实证研究 [J]．人口与经济，2013（2）．

[60] 吴晓怡，邵军．经济集聚与制造业工资不平等：基于历史工具变量的研究 [J]．世界经济，2016（4）．

[61] 吴志强，李德华．城市规划原理 [M]．北京：中国建筑工业出版社，2010．

[62] 夏怡然，苏锦红，黄伟．流动人口向哪里集聚 [J]．人口与经济，2015（3）．

[63] 向宽虎，陆铭．在发展中促进相对平衡：对中国地区发展政策

的思考［J］. 国际经济评论, 2022 (2).

［64］严思齐, 彭建超, 吴群. 土地财政对地方公共品供给水平的影响［J］. 城市问题, 2017 (8).

［65］杨曦. 城市规模与城镇化、农民工市民化的经济效应［J］. 经济学季刊, 2017 (4).

［66］尹兴民, 臧浩洁, 纪建悦, 齐璐瑶. 城市建设用地指标流转最优策略及福利效应研究［J］. 中国管理科学, 2022 (8).

［67］余吉祥, 沈坤荣. 跨省迁移、经济集聚与地区差距扩大［J］. 经济科学, 2013 (2).

［68］余吉祥, 沈坤荣. "地改市"推进了城市化进程吗?［J］. 经济科学, 2015 (6).

［69］张德荣, 郑晓婷. "限购令"是抑制房价上涨的有效政策工具吗?［J］. 数量经济技术经济研究, 2013 (11).

［70］张军, 高远, 傅勇, 张弘. 中国为什么拥有了良好的基础设施［J］. 经济研究, 2007 (3).

［71］张军, 周黎安. 为增长而竞争:中国增长的政治经济学［M］. 上海:格致出版社, 2008.

［72］张莉, 年永威, 刘京军. 土地市场波动与地方债——以城投债为例［J］. 经济学 (季刊), 2018 (3).

［73］张莉, 徐现祥, 王贤彬. 地方官员合谋与土地违法［J］. 世界经济, 2011 (3).

［74］张莉, 魏鹤翀, 欧德赟. 以地融资、地方债务与杠杆——地方融资平台的土地抵押分析［J］. 金融研究, 2019 (3).

［75］张清勇. 地方政府竞争与工业用地出让价格［J］. 制度经济学研究, 2006 (1).

［76］张文武, 张为付. 城市规模影响个人发展吗——基于能力差异和户籍分割视角的研究［J］. 世界经济文汇, 2016 (5).

［77］张五常. 中国的经济制度［M］. 北京:中信出版社, 2009.

［78］赵扶扬. 地价高估、公共投产与资源错配［J］. 经济研究, 2022 (3).

［79］赵扶扬, 陈斌开, 刘守英. 宏观调控、地方政府与中国经济发展模式转型:土地供给的视角［J］. 经济研究, 2021 (7).

［80］赵军洁, 张晓旭. 中国户籍制度改革:历程回顾、改革估价和趋势判断［J］. 宏观经济研究, 2021 (9).

[81] 郑安，沈坤荣．土地出让收入与地方政府投资偏向［J］．经济与管理研究，2017（12）．

[82] 郑思齐，师展，吴璟．"以地生财，以财养地"——中国特色城市建设投融资模式的探讨［J］．经济研究，2014（9）．

[83] 周飞舟．分税制十年：制度及其影响［J］．中国社会科学，2006（6）．

[84] 周飞舟．生财有道：土地开发和转让中的政府和农民［J］．社会学研究，2007（1）．

[85] 周飞舟．大兴土木：土地财政与地方政府行为［J］．经济社会体制比较，2010（3）．

[86] 周飞舟，谭明智．当代中国的中央地方关系［M］．北京：中国社会科学出版社，2014.

[87] 周光霞，林乐芬，闫富雄．农村移民工资溢价的源泉——基于集聚经济视角［J］．西北人口，2017（5）．

[88] 周黎安．中国地方官员的晋升锦标赛模式研究［J］．经济研究，2007（7）．

[89] 周黎安．转型中的地方政府：官员激励与治理［M］．上海：格致出版社，2017.

[90] 周密，罗婷婷，赵晓琳，谭晓婷．城市规模与农民工工资溢价效应——基于教育－工作匹配视角［J］．农业技术经济，2018（8）．

[91] 周其仁．改革的逻辑［M］．北京：中信出版社，2018.

[92] 周颖刚，蒙利娜，卢琪．高房价挤出了谁？基于中国流动人口的微观视角［J］．经济研究，2019（9）．

[93] 周一星，于海波．中国城市人口规模结构的重构［J］．城市规划，2004（6）．

[94] 踪家峰，周亮．大城市支付了更高的工资吗［J］．经济学（季刊），2015（4）．

[95] 左翔，殷醒民．土地一级市场垄断与地方公共品供给［J］．经济学（季刊），2013（2）．

[96] Acemoglu, D. Technical Change, Inequality and the Labor Market [J]. Journal of Economic Literature, 2002, 40: 7 - 72.

[97] Anderson, G. and Y. Ge. The Size Distribution of Chinese Cities [J]. Regional Science and Urban Economics, 2005, 6: 756 - 776.

[98] Au, C. C. and J. V. Henderson. How Migration Restrictions Limit

Agglomeration and Productivity in China [J]. Journal of Development Economics, 2006, 80: 350 - 388.

[99] Au, C. C. and J. V. Henderson. Are Chinese Cities Too Small [J]. Review of Economic Studies, 2006, 73: 549 - 576.

[100] Auerbach, F. Das Gesetz der Bevolkerungskonzentration [M]. Peterman's Geographische Mitteilungen, 1913.

[101] Barro, R. J. and X. Sala · I · Martin. Economic Growth [M]. McGraw-Hill, 1995.

[102] Black, D. and J. V. Henderson. Urban Evolution in the USA [J]. Journal of Economic Geography, 2003, 3: 343 - 372.

[103] Bosker, M. G. Agglomeration and Convergence: A Space-time Analysis for European Regions [J]. Spatial Economic Analysis, 2007, 2: 91 - 100.

[104] Carroll, G. National City-Size Distributions: What Do We Know after 67 Years of Research [J]. Progress in Human Geography, 1982, 6: 1 - 43.

[105] Caselli, F. and W. Coleman. The World Technology Frontiers [J]. American Economic Review, 2006, 96: 499 - 522.

[106] Chakrabarti, R. and J. Zhang. Unaffordable Housing and Local Employment Growth: Evidence from California Municipalities [J]. Urban Studies, 2015, 52: 1134 - 1151.

[107] Chen, Z. and S. Fu. Dynamics of City Growth: Random or Deterministic? Evidence From China [M]. Proceedings of CES2006, Shanghai University of Finance and Economics, 2006.

[108] Chung, J. and T. Lam. China's 'City System' in Flux: Explaining Post-Mao Administrative Changes [J]. The China Quarterly, 2004, 180: 945 - 964.

[109] Ciccone, A. Agglomeration Effects in Europe [J]. European Economic Review, 2002, 46: 213 - 227.

[110] Ciccone, A. and R. E. Hall. Productivity and Density of Economic Activity [J]. The American Economic Review, 1996, 86: 54 - 70.

[111] Ciccone, A. and G. Peri. Long-run Substitutability between More and Less Educated Workers: Evidence from U. S. States, 1950 - 1990 [J]. The Review of Economics and Statistics, 2005, 87: 652 - 663.

[112] Combes, P. , Démurge, S. and S. Li. Migration Externalities in

Chinese Cities [J]. European Economic Review, 2015, 76: 152 - 167.

[113] Crozet, M. Do Migrants Follow Market Potentials? An Estimation of a New Economic Geography Model [J]. Journal of Economic Geography, 2004, 4: 439 - 458.

[114] Davis, J. and J. V. Henderson. Evidence on the Political Economy of the Urbanization Process [J]. Journal of Urban Economics, 2003, 53: 98 - 125.

[115] Du, Z. and L. Zhang. Home-Purchase Restriction, Property Tax and Housing Price in China: A Counterfactual Analysis [J]. Journal of Econometrics, 2015, 188: 558 - 568.

[116] Duranton, G. Agglomeration effects in Colombia [M]. Wharton School, University of Pennsylvania, Working Paper, 2014.

[117] Duranton, G. and D. Puga. Nursery Cities [J]. American Economic Review, 2001, 91: 1454 - 1463.

[118] Eaton, E. and Z. Eckstein. Cities and Growth: Theory and Evidence from France and Japan [J]. Regional Science and Urban Economics, 1997, 27: 443 - 474.

[119] Fallon, P. and P. Layard. Capital-Skill Complementarity, Income Distribution and Output Accounting [J]. Journal of Political Economy, 1975, 83: 279 - 302.

[120] Fan, C. C. The Vertical and Horizontal Expansions of China's City System [J]. Urban Geography, 1999, 20: 493 - 515.

[121] Fan, C. C. The Elite, the Natives, and the Outsiders: Migration and Labor Market Segmentation in Urban China [J]. Annals of the Association of American Geographers, 2002, 92: 103 - 124.

[122] Fei, J. C. H. and G. Ranis. Development of the Labor Surplus Economy: Theory and Policy [M]. Homewood, Ill. : R. D. Irwin, 1964.

[123] Fingleton, B. The New Economic Geography versus Urban Economics: An Evaluation Using Local Wage Rates in Great Britain [M]. Oxford Economic Papers, 2006, 58: 501 - 530.

[124] Fingleton, B. and S. Longhi. The Effects of Agglomeration on Wages: Evidence from the Micro-Level [J]. Journal of Regional Science, 2013, 53: 443 - 463.

[125] Fleisher, B. , Li, H. and M. Zhao. Human Capital, Economic Growth, and Regional Inequality in China [J]. Journal of Development Eco-

nomics, 2010, 92: 215 – 231.

[126] Fujita, M. , Krugman, P. and A. J. Venables. The Spatial Economy: Cities, Regions, and International Trade [M]. MIT Press, Cambridge, MA, 1999.

[127] Gabaix, X. Zipf's Law for Cities: An Explanation [J]. Quarterly Journal of Economics, 1999, 114: 739 – 767.

[128] Gardiner, B. , Martin, R. and P. Tyler. Does Spatial Agglomeration Increase National Growth? Some Evidence from Europe [J]. Journal of Economic Geography, 2011, 11: 979 – 1006.

[129] Glaeser, E. L. and J. Gyourko. The Impact of Building Restrictions on Housing Affordability [J]. Federal Reserve Bank of New York Economic Policy Review, 2003, 9: 21 – 39.

[130] Glaeser, E. L. , Kallal, H. D. , Scheinkman, J. A. and A. Shleifer. Growth in Cities [J]. Journal of Political Economy, 1992, 100: 1126 – 1152.

[131] Glaeser, E. L. and B. Ward. The Causes and Consequences of Land Use Regulation: Evidence from Greater Boston [J]. Journal of Urban Economics, 2009, 65: 265 – 278.

[132] Gyourko, J. and R. Molloy. Regulation and Housing Supply [J]. NBER Working Paper, 2014, No. 20536.

[133] Harris, C. The Market as a Factor in the Localization of Industry in the United States [J]. Annals of the Association of American Geographers, 1954, 4: 315 – 348.

[134] Harris, J. R. and M. P. Todaro. Migration, Unemployment and Development: A Two-Sector Analysis [J]. The American Economic Review, 1970, 60: 126 – 142.

[135] Henderson, J. V. The Size and Types of Cities [J]. The American Economic Review, 1974, 64: 640 – 656.

[136] Henderson, J. V. Urbanization in China: Policy Issues and Options [M]. Report for the China Economic Research and Advisory Program, 2009.

[137] Henderson, J. V. and R. Becker. Political Economy of City Sizes and Formation [J]. Journal of Urban Economics, 2000, 48: 453 – 484.

[138] Hering, L. and S. Poncet. Market Access and Individual Wages [J]. The Review of Economics and Statistics, 2013, 92: 145 – 159.

[139] Jia, J. , Guo, Q. and J. Zhang. Fiscal Decentralization and Local

Expenditure Policy in China [J]. China Economic Review, 2014, 28: 107 – 122.

[140] Knoll, K. , Schularick, M. and T. Steger. No Price Like Home: Global House Prices, 1870 – 2012 [J]. The American Economic Review, 2017, 107: 331 – 353.

[141] Krugman, P. Increasing Returns and Economic Geography [J]. Journal of Political Economy, 1991, 99: 483 – 499.

[142] Krugman, P. Confronting the Mystery of Urban Hierarchy [J]. Journal of Japanese and International Economics, 1996, 10: 399 – 418.

[143] Lewis, A. Economic Development with Unlimited Supplies of Labour [J]. The Manchester School, 1954, 22: 139 – 191.

[144] Li, L. The Incentive Role of Creating 'Cities' in China [J]. MPRA Working Paper, 2008, No. 8594.

[145] Li, H. and J. K. Kung. Fiscal Incentives and Policy Choices of Local Governments: Evidence from China [J]. Journal of Development Economics, 2015, 116: 89 – 104.

[146] Li, L. and X. Wu. The Consequences of Having a Son on Family Wealth in Urban China [J]. Review of Income and Wealth, 2017, 63: 378 – 393.

[147] Li, M. and R. Yang. Interrogating Institutionalized Establishments: Urban-Rural Inequalities in China's Higher Education [J]. Asia Pacific Education Review, 2013, 14: 315 – 323.

[148] Li, H. and L. Zhou. Political Turnover and Economic Performance: The Incentive Role of Personnel Control in China [J]. Journal of Public Economics, 2005, 89: 1743 – 1762.

[149] Lu, X. and P. Landry. Show Me the Money: Interjurisdiction Political Competition and Fiscal Extraction in China [J]. American Political Science Review, 2014, 108: 706 – 722.

[150] Nitsch, V. Zipf Zipped [J]. Journal of Urban Economics, 2005, 57: 86 – 100.

[151] MacKellar, F. L. and D. R. Vining. Population Concentration in Less Developed Countries: New Evidence [J]. Papers in Regional Science, 1995, 74: 259 – 293.

[152] Meng, X. and J. Zhang. The Two-Tier Labor Market in Urban China: Occupational Segregation and Wage Differentials between Urban Residents and

Rural Migrants in Shanghai [J]. Journal of Comparative Economics, 2001, 29:
485 – 504.

[153] Meng, X. Labor Market Outcomes and Reforms in China [J].
Journal of Economic Perspectives, 2012, 26: 75 – 102.

[154] Montinola, G. and Y. Qian. Federalism, Chinese Style: The Political
Basis for Economic Success in China [J]. World Politics, 1995, 48: 50 – 81.

[155] Moomaw, R. L. Productivity and City Size: A Critique of the Evi-
dence [J]. The Quarterly Journal of Economics, 1981, 96: 675 – 688.

[156] Oates, W. E. Fiscal Federalism [M]. New York: Harcourt Brace
Jovanovich, 1972.

[157] Oi, J. C. Fiscal Reform and the Economic Foundations of Local
State Corporatism in China [J]. World Politics, 1992, 45: 99 – 126.

[158] Peri, G. The Effect of Immigration on Productivity: Evidence from
U. S. States [J]. The Review of Economics and Statistics, 2012, 94: 348 – 358.

[159] Poncet, S. Measuring Chinese Domestic and International Integra-
tion [J]. China Economic Review, 2003, 14: 1 – 21.

[160] Puga, D. The Magnitude and Causes of Agglomeration Economies
[J]. Journal of Regional Science, 2010, 50: 203 – 219.

[161] Qian, Y. and B. R. Weingast. Federalism as A Commitment to Re-
serving Market Incentives [J]. Journal of Economic Perspectives, 1997, 11:
83 – 92.

[162] Roback, J. Wage, Rent and the Quality of Life [J]. Journal of
Political Economy, 1982, 90: 1257 – 1278.

[163] Roodman, D. How to Do Xtabond2 [J]. Center for Global Devel-
opment Working Paper, 2006, 103.

[164] Rosen, K. and M. Resnick. The Size Distribution of Cities: An Ex-
amination of the Pareto Law and Primacy [J]. Journal of Urban Economics,
1980, 8: 165 – 186.

[165] Scitovsky, T. Two Concepts of External Economies [J]. The Journal
of Political Economy, 1954, 62: 143 – 151.

[166] Song, S. and K. H. Zhang. Urbanization and City Size Distribution
in China [J]. Urban Studies, 2002, 12: 2317 – 2327.

[167] Soo, K. T. Zipf's Law for Cities: A Cross-Country Investigation
[J]. Regional Science and Urban Economics, 2005, 35: 239 – 263.

[168] Sveikauskas, L. The Productivity of Cities [J]. The Quarterly Journal of Economics, 1975, 89: 393 –413.

[169] Tiebout, C. M. A Pure Theory of Local Expenditure [J]. Journal of Political Economy, 1956, 64: 416 –424.

[170] Todaro, M. A Model of Labor Migration and Urban Unemployment in Less Developed Countries [J]. The American Economic Review, 1969, 59: 138 –148.

[171] Viner, J. Cost Curves and Supply Curves [J]. Zeitschrift für Nationalökonomie, 1931, 3: 23 –46.

[172] Wang, Z. and Q. Zhang. Fundamental Factors in the Housing Markets of China [J]. Journal of Housing Economics, 2014, 25: 53 –61.

[173] Wu, J. , Gyourko, J. and Y. Deng. Evaluating Conditions in Major Chinese Housing Markets [J]. Regional Science and Urban Economics, 2012, 42: 531 –543.

[174] Xu, C. The Fundamental Institutions of China's Reforms and Development [J]. Journal of Economic Literature, 2011, 49: 1076 –1151.

[175] Yu, J. and K. Shen. Incentive Effects of Tournament Size Optimization on Local Officials in China [J]. Journal of Asian Economics, 2022, forthcoming.

[176] Zhang, K. H. and S. F. Song. Rural-urban Migration and Urbanization in China: Evidence from Time-Series and Cross-Section Analyses [J]. China Economic Review, 2003, 14: 386 –400.

[177] Zipf, G. K. Human Behavior and the Principle of Least Effort [M]. Cambridge, MA: Addison-Wesley Press, 1949.

图书在版编目（CIP）数据

中国建设用地指标配置的逻辑及其对城市发展成本影响的研究／余吉祥著． -- 北京：经济科学出版社，2023.10

国家社科基金后期资助项目

ISBN 978 - 7 - 5218 - 5165 - 6

Ⅰ.①中…　Ⅱ.①余…　Ⅲ.①基本建设 - 土地利用 - 指标 - 配置 - 影响 - 城市建设 - 研究 - 中国　Ⅳ. ①F321.1 ②F299.21

中国国家版本馆 CIP 数据核字（2023）第 178318 号

责任编辑：侯晓霞
责任校对：徐　昕
责任印制：张佳裕

中国建设用地指标配置的逻辑及其对城市发展成本影响的研究

余吉祥　著

经济科学出版社出版、发行　新华书店经销

社址：北京市海淀区阜成路甲 28 号　邮编：100142

教材分社电话：010 - 88191345　发行部电话：010 - 88191522

网址：www. esp. com. cn

电子邮箱：houxiaoxia@ esp. com. cn

天猫网店：经济科学出版社旗舰店

网址：http://jjkxcbs. tmall. com

北京季蜂印刷有限公司印装

710 × 1000　16 开　12.5 印张　230000 字

2023 年 10 月第 1 版　2023 年 10 月第 1 次印刷

ISBN 978 - 7 - 5218 - 5165 - 6　定价：52.00 元

（图书出现印装问题，本社负责调换。电话：010 - 88191545）

（版权所有　侵权必究　打击盗版　举报热线：010 - 88191661

QQ：2242791300　营销中心电话：010 - 88191537

电子邮箱：dbts@ esp. com. cn）